这辈子你能感动多少人

吴迪 ◎ 编著

中国商业出版社

图书在版编目（CIP）数据

这辈子你能感动多少人 / 吴迪编著 . —北京：中国商业出版社，2017.6

ISBN 978-7-5044-9792-5

Ⅰ.①这… Ⅱ.①吴… Ⅲ.①人际关系–通俗读物 Ⅳ.① C912.11-49

中国版本图书馆 CIP 数据核字（2017）第 069310 号

责任编辑：孙锦萍

中国商业出版社出版发行
010-63180647 www.c-cbook.com
（100053 北京广安门内报国寺 1 号）
新华书店经销
三河市九洲财鑫印刷有限公司印制

★

787 毫米 ×1092 毫米　16 开　15 印张　200 千字
2017 年 6 月第 1 版　2017 年 6 月第 1 次印刷
定价：32.00 元

★★★★★

（如有印装质量问题可更换）

你感动过别人吗？你被感动过吗？你能感动多少人？

感动是一种感情，也是一种做人的智慧，感动是赢得一切的根本，是最好的影响力。

无论对于个人、团体、组织、企业，感动作为一种影响人心的力量都不可或缺，它决定着一个人事业的进退，社交的好坏，影响着一个人生活工作、为人处世的方方面面，能够帮助一个管理者、一个企业创造新的生命力和活力，培养立于竞争市场中不败的战斗力。以情感人，感动营销，无往而不胜。

清代恽敬在《后二仆传》中写道："瑞金处万山，民性悍，喜邪说，敬视事期月矣，上下无所感动。"说的就是对感情的一种触动，引发同情。感动是我们立身处世的不二法门，能助我们诞生源源不绝的生命力，帮助我们对抗一切矛盾和冲突，化解所有的怨恨和不满，在情感共鸣中实现所有的期待——感动顾客、感动员工、感动朋友、感动听众……感动我们所有交集的一切，用感动的力量打动人心，赢得你想要的一切。

如何打造感动的力量？创造共鸣、拒绝诱惑、真诚付出、不索回报、知足感恩等等都是营造感动的神奇力量。如果你是推销员，感动力营销能帮你促成成交；如果你是企业管理者，感动力

管理会让你的管理更加人性；如果你是演说者，感动力演讲会让你的话更深入人心。你能感动多少人，你就能创造多少好运。

  本书从感动入手，详细阐述了感动作为最大的影响力在人际关系中至关重要的作用，以及身为不同的个体如何营造属于自己的感动力，用感动达成内心期待的目标和愿望。

吴迪

2016 年 12 月

第一章
赢得一切的根本

第一节　用"去感动"的态度，赢得自己所想 …………………… 3
第二节　创造感动消费的生命力 …………………………………… 5
第三节　以情感人的方式，达成高层次共鸣 ……………………… 8
第四节　感动力：赢得一切的根本 ………………………………… 10
第五节　一个和谐共鸣的团队，天空没有乌云 …………………… 16
第六节　讲一个动人的品牌故事 …………………………………… 22

第二章
来自心灵深处柔软的力量

第一节　以诚待人，别人也会以诚相待 …………………………… 29
第二节　付出的时候，你是真诚还是假意？ ……………………… 32
第三节　情感投资，聚少成多 ……………………………………… 34
第四节　区分"要"和"索取"的意义 …………………………… 36
第五节　以小见大，细微之处见真情 ……………………………… 39
第六节　失败也是另一种得到 ……………………………………… 42

第三章
奇迹总是青睐那些肯于付出的人

第一节　你真的努力工作了吗……………………………… 47
第二节　付出要竭尽全力…………………………………… 48
第三节　你是全力以赴，还是尽力而为…………………… 52
第四节　不索回报，只管用心去做就好…………………… 54
第五节　舍得：人生中最难的事…………………………… 60
第六节　奇迹总是青睐那些肯于付出的人………………… 62

第四章
常常感恩，时时收获慰藉和幸福

第一节　感谢生活的所有赠与……………………………… 67
第二节　懂得感恩的人，是天底下最富有的人…………… 71
第三节　助人越多，别人越感激你………………………… 74
第四节　滴水之恩，涌泉相报……………………………… 78
第五节　怀着感恩的心工作，敬业乐群…………………… 80
第六节　与其抱怨，不如感恩……………………………… 82

第五章
总有一份感动，让你找到共鸣

第一节　引起共鸣，体验共鸣……………………………… 87
第二节　创造突破性的产品和服务………………………… 89
第三节　学会制造共鸣……………………………………… 91
第四节　唤起大众共鸣，更易成功………………………… 93
第五节　找到引人注目的事物……………………………… 96
第六节　好员工，要与顾客达到共鸣……………………… 99
第七节　"带头"共鸣：领导的表率……………………… 100

第六章
抓住人性的共鸣，让营销变得与众不同

第一节 "共鸣营销"的魅力 ………………………………… 105
第二节 "情感共鸣"：生存的决定性条件 ………………… 108
第三节 用"情感魔棒"，抓住人性的共鸣 ……………… 111
第四节 界定共鸣点，与群众打成一片 …………………… 112
第五节 我为什么要跟你买？ ……………………………… 115
第六节 打造企业共鸣团队和文化 ………………………… 119

第七章
感动顾客，让销售水到渠成

第一节 来一个精彩的开场白 ……………………………… 123
第二节 用细节和小事搭建桥梁 …………………………… 126
第三节 心里装着顾客，站在顾客的立场 ………………… 128
第四节 聆听对方，每个人都喜欢被尊重 ………………… 132
第五节 给顾客一个"非买不可"的理由 ………………… 134
第六节 "打电话"百战百胜的诀窍 ……………………… 138
第七节 面对拒绝，巧妙接近 ……………………………… 140

第八章
感动员工，管人就是管心

第一节 巧妙激励，让团队有活力 ………………………… 145
第二节 树立榜样效应，管理好"自我" ………………… 150
第三节 重视氛围管理，每一个人都值得尊重 …………… 157
第四节 "信"：商人最重要的素质 ……………………… 158
第五节 善待下属，管人就是管心 ………………………… 161
第六节 扬长避短，人尽其才 ……………………………… 164
第七节 化解团队内部冲突，杜绝内耗 …………………… 167
第八节 善言辞，话要说得恰到好处 ……………………… 169
第九节 走出管理误区 ……………………………………… 172

第九章
感动朋友，社交中掌控良好的人际关系

第一节　赞美的语言，恰合实际……………………………… 179
第二节　成为一个好的聆听者………………………………… 182
第三节　避免谈论他人短处…………………………………… 184
第四节　言辞不真诚，一切都徒劳无功……………………… 188
第五节　巧妙地表达出"不"的意思………………………… 189
第六节　眼光放长远，不计蝇头小利………………………… 195
第七节　弥补失言，巧改错话………………………………… 197
第八节　玩笑不过度，社交有风度…………………………… 199

第十章
感动听众，打动人心的说话艺术

第一节　没有谁是天生的大众演说家………………………… 205
第二节　赢得美妙的第一……………………………………… 209
第三节　人人都会被真情打动………………………………… 214
第四节　巧用幽默化腐朽为神奇……………………………… 216
第五节　赞美的话要恰如其分………………………………… 218
第六节　用良言接通情感热线………………………………… 220
第七节　说服不是三言两语的事……………………………… 223
第八节　言语要符合自己的身份……………………………… 226
第九节　借别人的口，说自己的话…………………………… 228

第一章

赢得一切的根本

第一章 赢得一切的根本

第一节 用"去感动"的态度，赢得自己所想

我们知道，满足需求并且实现自己的愿望，有很多因素在起作用，也有很多途径可以选择。感商ＴＱ强调，在相关因素和途径的背后，真正发挥作用的是感动。

简单来说就是，各种因素或途径最终也是通过感动来发挥作用。

市面上曾经流行过一些很好的书籍及理论，里面提到的相关思想也非常具有积极意义。比如"性格决定成败"、"态度决定一切"、"细节决定成败"等，加上"一个人的成功，智商ＩＱ只占20％，情商ＥＱ却占到80％"的情商理论，以及被称为成功学大师陈安之的理论"一个人的成功，知识占20％，而人脉却占到80％"，等等。

不难看出，以上的理论和思想更多的是提出了一种因素或方法对成败有可能产生的影响。也就是说，它们告诉大家，某些因素或方法关系到成败，所以你必须吸取相关经验和教训作出正确的选择，但什么是正确的选择呢？为什么那样就是正确的？它是怎样发挥出正确作用的？这种作用根本来源在哪里，等等，这些问题我们还不是很清楚。

我们不妨对上面的理论或思想再做进一步的探究：

态度和性格好坏的标准是什么？什么样的态度和性格才有利于成功？这些决定成败的态度和性格的实质是什么？

是怎样的细节才决定成败？因为每一件事都包含着无数个细节，在把

握细节时，我们以什么为原则？又以什么为准绳？细节决定成败的根本到底是什么？

有利于成功的情绪智力是什么样子？高情商的人驾驭和施展这一神奇力量的指导思想是什么？目的又在哪里？

所谓的人脉是什么？赢得人脉的根本又在哪里？

诸如此类，其他任何的理论你都可以照此问下去。

请不要怀疑这些理论，它们本身都没有问题，当然也是对的，只是，它们都是一种手段或战术。

事实上，它们并没有解决赢得的根本问题：战略！那什么是战略？战略就是指导思想，就是方向，就是一切行动的最根本指南。

我们不妨设想这样一个场景：假如你要从南京去北京，你肯定应该向北走才对，可是你以为北京在广州附近，结果你一直向南走走错了方向。

这时你态度坚定、性格坚强，你很注意在行走中交通工具的选择、安全性、经济性等每一个细节的无瑕，你一直调节着情绪鼓励自己"只要坚持下去就一定能到达"，你利用一切人脉资源帮助你继续朝南走下去……

可是遗憾的是，你，离你的目标越来越远。

方向错了，战略错了，指导思想错了，你一切的努力和行动也就失去了原来的意义。

其实，赢得一切的根本就是感动，因为你得"去感动"让对方"被感动"，所以你"赢得"了所想。所以，所有战术性因素都必须以"去感动"为前提和方向才具有重要的意义。

接下来你就会看到，只有能够感动对方的态度、性格、细节以及情绪能力才决定你的最终成败。

态度、性格、细节以及情绪能力的作用都来自于感动。其实人脉的实质，就是被你感动后的人对你的一种认可和接受。我们通过"去感动"的态度、性格、细节以及情绪能力感动了相关的人，终于赢得了自己的所想。

请记住，任何一个"赢得"的根本都在于此。

第二节　创造感动消费的生命力

通俗来讲，感动力就是感动产生的经济效益。随着我们物质消费为情感消费所取代，感动力已经成了经济发展的决定因素，几乎所有商品、企业等都被烙上了"感动"的烙印。

已趋饱和的商品市场，同类商品越来越多，在商家的利润缩水，创意缺乏的情况下，感动力就成为解决以上问题的关键因素。没有感动力，商家的故事就没法感动消费者，没法感动消费者的故事，就不具有说服力。由此可见，在故事中融入感动的情绪，让故事感动人，进而产生经济效益就显得至关重要。

不少人以为感动只是人内心一时产生的情绪波动，说来就来，说走就走，跟经济没有一点关系。但事实上，人内心的某些情绪波动关系着他们最后作出的决定。

人是感性动物，易受外界影响而产生感动情绪。有些人就明白这一点并利用他人的这种情绪从而达到自己的目的，例如政党之间在竞选的过程中，总会用感人的事件和故事来感染群众，使群众产生感动情绪，从而让群众下定决心把票投给他，以此达到竞选获胜的目的；再比如一个演讲者如果他所讲的内容感染不了听众，听众的情感需求得不到满足，这场演讲将注定会失败。

我们都知道好的故事可以增加事情的说服力,进而产生影响力,而感动能让人快速地下定决心。因此,将感动力融入故事中,可以创造出更大的影响力。

随着生活水平的提高和消费理念的提升,人们更加注重精神层面的满足,那些一眼就能让人感动的东西,大多数可以得到大众的青睐。

如果企业、公司和营销人员能够抓住人们的这种心理,在自己的品牌和商品中融入感动的成分,进而让商品成为消费者情感寄托的媒介,使消费者不由自主地对商品产生感情,销售的目的就能顺利达成。

人们将以上这种营销方式称为情感营销,也就是通过心理的沟通和情感的交流,赢得消费者的信赖和偏爱,从而扩大市场占有率,最终获得竞争优势的绝佳方式。那么情感营销的价值到底在哪里呢?

1. 情感营销激发消费者的感动力

大多数人这么认为,只要商品包含的内容或赋予的故事,能够让消费者心动,消费者就可以将此类商品当成情感的寄托,比如啤酒,人们与亲朋好友聚在一起,会想起不少往事,内心尘封的记忆会被一点点唤醒,在畅饮间,我们的情感就会自然流露。

我们可以这么说,喝啤酒的人是透过啤酒来表达自己的感情,而所谓的情感需求,也在啤酒这个情感释放器中获得满足。再比如,逢年过节的礼品,不管是销售厂家为商品赋予特色,还是推销技巧中加入"健康"、"孝顺"、"团聚"、"好运"等关键词语,这些字眼都隐含着巨大的魔力。虽然大部分的消费者不知道商品是不是很健康,也不知道是否会带来好运,但逢年过节与亲人欢聚时,听到这些话,内心的情绪自然会产生波动,礼品传达了人们对亲朋好友的深情。消费者的感动情绪一旦被激发,消费购买力就会上升,商家的营销目的就得以达成。

随着经济的发展,我们正在步入情感经济时代。不论是各种琳琅满目的奢侈品，还是五花八门的营养补品，几乎所有的商品都被商家赋予了一种情感。例如关于几万美金的异国双人游，是为那些有钱人孝敬父母而准备的；一款限量版的品牌手提包，是专门为风度翩翩的公子最心爱的公主准备的。从这里我们可以得出这样的结论：一切普通的商品，有了健康、友情、亲情、爱情的字眼后，销售量便会一而再、再而三地提升。

请不要误会情感经济时代是单纯用广告刺激消费者的视觉与听觉，实际上是要用品牌文化渗透、刺激消费者的情感和心灵。

2.情感体验培育消费者的感动力

商家为商品投入感情，就等于赋予了商品生命力。商家投入时间、精力、心血和情感创造商品，最希望的就是自己经营的商品能被消费者接受。不过，消费者的消费喜好存在着很大的差异，消费理念也不相同，所以看待同一种商品的眼光也很容易出现偏差。

针对以上情况，营销者可以通过创造不同的体验方式，让消费者亲身体验某件商品。比如"骆驼牌香烟"创始人理查德·雷诺兹在推销"骆驼"时，他首先用夸张的骆驼海报先吸引消费者的目光，再用骆驼表演节目，使消费者对"骆驼"的印象加深，最后免费发放"骆驼"牌香烟，让消费者亲身体验。

让消费者自动体验香烟的脉脉温情，进而渗透到消费者的每个感觉细胞，以致日后消费者看到这类商品，便会情不自禁地产生熟悉的情绪，这种感动的力量，会让商品渗透到消费者的内心深处。

当然，以上这些努力显然还不够，与此同时，商品研发者还应该借助有影响力的事件或故事，让消费者熟悉并了解品牌所包涵的思想和情感，继而产生感动情愫。感人的故事包含在品牌起源中，品牌中包含着特殊的营销设计，都是培育消费者感动力的重要方式。

3. 体验之后会创造出更具生命力的消费力

体验，能刺激消费者喜欢并重复购买商品，是品牌精神和消费者情感融合的过程，可以让消费者体验置身品牌中的经历和感悟。消费者在体验前对品牌的认知，体验过程中对商品的感受，体验之后所产生的感觉，都会持续影响其购买心理和购买行为。所以，我们这么认为：通过体验形成的感动力，可以创造出更具生命力的消费力。

第三节　以情感人的方式，达成高层次共鸣

大家都知道朱自清先生的《荷塘月色》吧，其中有这样一句，"微风过处，送来缕缕清香，仿佛远处高楼上渺茫的歌声似的"，读者可以和作者达成一种更高层次的共鸣，让我们在欣赏过程中产生身临其境、如睹其物、如闻其香、如聆其声的真切、深刻的感受。

就像是听到声音就感觉看到了颜色，看到了颜色又感觉能触摸到什么。例如当我们看到粉红色就会联想到少女……我们从小在很多文学上学到的修辞方法，运用类似于"通感"的手法，让客户自己去发现、自己去体会反而能得到更好的结果。

例如你们说到通货膨胀，再捎带着聊聊猪肉为什么会涨价？再过渡到为什么我们需要投资？应该采取怎样的投资态度？你感觉哪一位理财顾问的效果会好一些呢？

其实，现实生活中的很多例子可以帮助我们更深层次地向客户说明我们想要表达的道理。

第一章
赢得一切的根本

随着消费市场日趋走向成熟，消费者越来越不容易被打动。那么如何使自己的产品脱颖而出吸引消费者的眼球成为众多手机厂商长期面临的问题。于是产品差异化越来越多、价格战如火如荼、终端争夺硝烟弥漫。

大家都知道朱自清先生的《荷塘月色》吧，其中有这样一句，"微风过处，送来缕缕清香，仿佛远处高楼上渺茫的歌声似的"，读者可以和作者达成一种更高层次的共鸣，让我们在欣赏过程中产生身临其境、如睹其物、如闻其香、如聆其声的真切、深刻的感受。

就像是听到声音就感觉看到了颜色，看到了颜色又感觉能触摸到什么。例如当我们看到粉红色就会联想到少女……我们从小在很多文学作品中学到的修辞方法，运用类似于"通感"的手法，让客户自己去发现、自己去体会反而能得到更好的结果。

例如你们说到通货膨胀，再捎带着聊聊猪肉为什么会涨价？再过渡到为什么我们需要投资？应该采取怎样的投资态度？你感觉哪一位理财顾问的讲解效果会好一些呢？

其实，现实生活中的很多例子可以帮助我们更深层次地向客户说明我们想要表达的道理。

其实，不论是在传统营销时代，还是如今让人眼花缭乱的移动互联网时代，成功的营销都是"走心"的。直击人心的营销，是开启消费者之门的钥匙。了解你的用户，通过直击内心的内容，引发情感共鸣互动，从而潜移默化地注入品牌信息，让受众接受产品的传播诉求。

著名口香糖品牌"益达"在中国首推"无糖"概念，率先推出含木糖醇的无糖糖口香，它强调的是关爱牙齿，保护牙龈健康，把用益达去保护牙齿作为一种关心别人的方式。

我们来回顾下著名的"你的益达"广告内容。

一个深夜，女白领到便利店买东西的时候顺手拿起了一瓶益达，男店

员说:"这个对牙齿好啊。"女生就买了两瓶,一瓶给自己,另一瓶送给了男生。"嘿,你的益达!不,是你的益达!"这个广告让这款口香糖销量剧增。再后来,益达请来人气很旺的彭于晏和桂纶镁围绕食物的酸甜苦辣拍摄了以"益达能够关爱牙齿健康"为主题的一系列广告,不仅强调了无论食物是酸甜苦辣哪种口味,益达始终能够关爱牙齿健康的主题,还推出"关爱牙齿,餐后嚼两粒益达"的生活新观念。在年轻人的眼里,益达不仅是一个品牌,而是一个"甜蜜爱情"的代名词。

其实每一个消费者,对品牌从陌生到认识,从熟悉再到喜欢,继而认同接受,并不是一蹴而就的,它需要从各方面进行长时间的培养,通过对消费者的个性、心理以及喜好等多层面的研究,深挖消费者需求,以及巧妙地将产品亮点与消费者情感敏感地契合,通过以情感人的方式,打动和征服消费者的心。

第四节 感动力:赢得一切的根本

人都有欲望或愿望,在满足和实现之前,我们把它们化为一个个具体的梦想。我们都渴望美梦成真,把梦想转化为理想,再把理想分解成目标,为了实现这些目标,我们用各种方法,通过各种途径努力着。

我们一直在完成一个个目标,进而实现自己的理想,最终圆了自己的那些梦想。人生的路上,我们一路走来,留下一串串脚印,印证着成长的轨迹。

在人生的奋斗过程中,不论你曾制订过多少计划;不论你有过多少理想和目标；不论你想得到什么，希望自己的生活达到何种满意的状况，你都得依靠自己的努力去"赢得"；而赢得这一切的最根本方法和途径就是去感动。

能不能感动对方并让其心悦诚服是赢得一切的根本所在。

我们可以这么说，如果你能感动一切，就能赢得一切！

这就是感动商数。

"感动商数"这一新概念和理论的发现及提出，标志着人类自我进步和奋斗有了一个新的指导思想。

我们把感商ＴＱ（感动商数）定性为"赢得一切的根本"，这本身就是个史无前例的结论。

而"一切"、"根本"以及"赢得"等词的论证成立，感商ＴＱ从而成为每一个人所有行动的终极指南。

我们说，不管你想得到什么，赢得这一切的根本就是去感动，与此同时，很多人立即就对"一切"提出了疑问。

上述疑问的焦点集中在，人的欲望或愿望五花八门，想要满足或得到的对象无奇不有，用"一切"来涵盖是不是显得太绝对了？因为这里头绝不仅包含了亲情、友情或者爱情等以人为主体的需要，还有衣服、食物、房子、汽车等物质的东西；亿万富豪、局长、总经理、艺术家等职位或社会地位；以及年收入在100万元以上、开发并占领全国某个市场等状态或境地，这些怎么"感动"？

大家都很明白，人（甚至于动物）是可以被感动的，也有可能通过"感动"来实现自己的所想。就像我们希望得到父母的爱，和朋友建立坚实的友情，得到心仪的人的爱情等。

可是那些物质的东西诸如职位或社会地位以及人们期望的某种生活和工作状态，在我们看来它们是"死"的，是没有"意识"的，也不具备"情

感",而我们想要得到或实现这一切,对于它们,谈何"感动"?

导致这些疑惑的根源是,我们忽略了人类社会的主体是"人",是"人"在主宰这个社会。

"人"决定着自己的情感归属;

"人"决定相关物质在"人们之间"的流动和分配;

"人"决定把自己的"钱"花到哪里——给谁赚;

"人"决定买什么商品、是谁做的商品、由谁销售的商品。

"一切"都是由"人"决定,既然"人"可以被感动,我们就能通过感动"人"而赢得"一切"。

我们知道,人与人之间除了情感上的交流之外,为了生存,人们之间还进行"物"的交换。这种交换的实质就是商品。比如说放羊的人不能每顿饭都吃肉,而种稻的人也不能天天光吃白米饭一样,放羊的和种稻的之间通过交换,满足了各自不同的需要,得到了双赢的结果。当成功交换后就实现了各自劳动的使用价值,否则,你的劳动成果交换不成功,那么你的劳动也不会被认可。

以上说到的交换并不是表面上"毫无情感"的"物体"间的交换,实质上是人们在交换自己的劳动。你要知道在通过劳动去创造价值物的过程中,你只有真心付出才可能得到收获。

但是,反过来想我们用不用心去劳动又怎么和赢得相关物质扯上关系呢?

从最具体、最现实的获得一定物质的手段来说,我们怎样才能得到自己想要的衣服、食物、房子、汽车、电视机等物质的东西呢?

大部分人的答案应该是"有钱"吧!

因为你有足够的金钱,你就可以"买到"上述物品。

不知道大家有没有想过,"钱"是什么?为什么它的学名叫"货币"呢?

第一章
赢得一切的根本

有人就说了,"钱"不就是我们付出的劳动被社会认可的价值表现吗?

人类在物物交换的时期,人们各自劳动制造物品,然后相互交换。后来渐渐发觉这种交换其实也不太方便,我要的东西你没有,而你要的东西我有,于是,就发明了货币。货币的好处在于流通起来方便了很多,比如你要的羊肉我有,我就把它给你,你就给我"那些羊肉"相应价值的货币;你是种田的,你的粮食我不需要,我需要的是衣服,于是,我拿着这"钱"就可以到其他人那里"买"回我想要的衣服了。因为这货币或者说"钱",代表我付出劳动创造的那些给你的羊肉的价值。

现如今,大家当然习惯了付出劳动后,都把创造的价值"换成"钱拿着,想买什么就买什么。

请注意,这个时候我们的答案已经推导到"赢得钱就能得到那些物质"了。

可是,这些"钱"又是怎么到你的口袋里去的呢?

"钱"是靠你付出所创造的劳动成果"换来"的。

别以为你辛勤劳作就可以"换来"相应的"钱"了,这里绝不能画等号!

如果你多注意一下那些工人们辛苦工作却难以维系、不得不倒闭的工厂以及仓库里堆积如山卖不掉的商品就明白了。

你付出劳动创造的有一定价值的商品,人家认可你的商品并且接受,才会将它买下来并付钱给你。

所以,你的劳动成果能否打动"人",决定了你能不能得到"钱"。

如果你是老板,你的员工上班不用心工作,生产的产品偷工减料、粗制滥造、以次充好,顾客是不会埋你的单;如果你是员工,上班偷懒、假公济私,老板同样不愿意支付薪水给你。

我们把以上的整个过程串一遍就更清楚了:你想要自己喜欢的东西,诸如衣服、食物、房子、汽车、电视机等,那你就得有足够的钱去购买它

们；你要拥有足够的钱，就要认真努力地去工作，同时，你的付出必须"打动"相关的"人"，才会有人支付相应的薪水给你。

简单地说就是，能否"感动"你的"顾客或老板"是你赢得薪酬去购买自己喜欢物品的根本。

理解了上述的问题，那么理解如何赢得职位或社会地位这个问题就简单多了。

在某个企业，不是你想当总经理就能当上的，决定权不在你自己手中，这要经过一定程序，经过相关领导以及下属同事等同意才行。

假如你没什么本事，工作也不积极努力，不为企业着想，自私自利，谁能容忍你？谁会选你？谁又会让你得逞呢？

我们看看那些真正被人民认可的公仆和艺术家们，生前他们被人们拥护、爱戴、敬仰，在去世以后，人们对他们的崇敬之情依然不会改变。

我们敬爱的周恩来总理，为了中华人民共和国的崛起鞠躬尽瘁、死而后已，其人格魅力感动中国、感动世界。现如今，相信很多人依然难以忘记那"十里长街送总理"的感人场面。

同样受人尊敬的还有我们熟知的赵丽蓉老师。在某一年春晚上，她强忍着病痛为观众带来欢乐。作为一名普通的演员，赵老师用她的艺术和崇高的人格魅力，感动了所有曾一起共事的工作人员，感动了所有观众。无疑，她的艺术人生是成功的。

简单来说，你赢得一定职位或社会地位的根本所在就得感动大家，赢得他们的认可和接受，进而获得支持。

对于开拓市场的经商人士也是一样的道理：市场认可并接受你的产品，你才会实现目标，赚到钱。

那么"市场"是什么呢？

在市场营销学中，一个成熟"市场"有以下三个条件：购买者、购买欲望和购买力。它的中心词是"人"。

1996年，海尔品牌的第一代小小神童洗衣机面世，创造了洗衣机销售的"淡季神话"。

在当初，每年的6~8月是洗衣机销售的淡季。在这段时间，很多厂家就会把商场里的促销员撤掉。海尔人却不这么认为，他们考虑的是：夏天天气越热出汗越多，难道老百姓越不洗衣裳？他们经过走访调查发现，不是大家不洗衣裳，而是夏天里5千克的洗衣机既浪费水又浪费电。于是，海尔的科研人员很快设计出一种洗衣量只有1.5千克的小型洗衣机——小小神童。因为张瑞敏认为上海人消费水平高又爱挑剔，所以"小小神童"投产后先在上海试销。结果，上海人很快认可了这种世界上最小的洗衣机。上海热销之后，很快又风靡全国，并大批量出口日本、韩国、美国等世界100多个国家和地区。

据统计，海尔"小小神童"洗衣机一直占据着全国各家电商场夏季洗衣机销售的榜首，尤其近几年，季节性优势更加明显。

是什么原因促使"小小神童"具有如此强的市场魅力呢？

对于以上的案例，有很多学者做了总结：首先，它完全解决了消费者夏天洗衣费水、费电的难题；其次，"小小神童"不仅对消费者的需求了解至深，而且此产品多年来不断进行技术升级，除了体积容量更适合夏季使用之外，它还具有杀菌、消毒功能等，尽量满足了消费者的夏季健康洗衣需求；最后，它还满足了现代家庭的一种洗衣新习惯——防止交叉感染的"分类、分开"洗。正是这种不断创新产品、不断关心消费者的企业精神造就了"小小神童"的持久魅力！

通过以上分析我们不难看出，无论是亲情、友情或者爱情等以人为主体的需要，还是诸如衣食住行等物质的东西，以及总经理、亿万富豪、局长、艺术家等职位或社会地位，甚至是开发并占领某一市场等状态或境地，得到这一切的决定权都在"人"。

人类社会的规则是人定的，所有的事是通过人控制并完成的。赢得一切的实质就是赢得"人"，赢得"人"的根本就是赢得人的"心"。俗话说，得民心者得天下！

第五节 一个和谐共鸣的团队，天空没有乌云

在一次海难中幸存的5个人漂流到了一个小岛上，为了生存，他们必须尽快建造一栋房屋，以抵御野兽与即将到来的寒冬。之前这个小岛可能有人居住过，留有很多残存的建筑物，有一些石料可以使用。可是，这些石料都非常巨大也很沉重，需要4个人各抬一角才可以抬动一块，想把这些石料搬运到盖房子的地方实在不是一件简单的事情。幸存下来的5个人相互推诿，都不愿意去抬石料，即使抬，也不愿意使出全身力气。寒冬越来越近，可是盖房子的工作没有一点进展。

这时候，又有一位遭遇海难的幸存者漂流到这个小岛，当知道大家在为无法盖起房子而苦恼时，这个人先是在小岛上转了一圈，而后对大家说："我已经调查并计算过了，我们盖房子大概需要480块石料，每块石料要4个人抬，那么需要1920人次才可以抬完。我们是6个人，每人如果一共抬320次，那么每天每人只需抬32次石料，一天就可以抬48块，10天就可以全部抬完。用不了一个月的时间我们的房子就能盖起来，正好可以过冬，也不用担心野兽的袭击，等到第二年春天就会有船经过，我们就都能得救。"

听到这里，人们都很兴奋。这个人接着说："大家的劳动付出是一样的，每天完成这个工作量就可以休息，但是，每个人在工作中都必须全力以赴。因为，搬石料时，4个人中如果有一个人不尽力的话，石料就很可能落地，砸伤其他人的脚，虽然受伤的不是你，但是打破了这个劳动分工的平衡。如果受伤的人超过两个，我们就完不成房子的建造，结果就是被冻死，或是被野兽吃掉，所以，为了自己，大家也要全力以赴。"大家都表示赞同。由于有了明确的分工，大家也就不再推诿，都抢着去搬运石料，也很卖力气，生怕同伴受伤，因为谁也不希望自己被冻死或者被野兽吃掉。

最后，10天时间石料果然全部搬运完了，不到一个月时间，温暖而结实的一栋房子便建了起来，他们顺利地度过了冬季。第二年有船经过，他们都顺利获救。

上面的小故事充分说明了团队的力量是何等重要。但是，当初他们之间的协作并不成功，甚至根本无法推进任务，是最后那个人唤起了团队成员的共识，才使工作得以完成。他找出大家共同的利益与目标，并且提出科学、公正的工作方法。这些要素让团队成员在思想上达成共识，接下来的合作就变得顺畅高效很多。团队合作包括的内容不只是相互关心、爱护、团结、唯命是从或军事化的绝对服从。实际上一个优秀团队的力量来源是以团队成员个体能力为基础，以成员间默契合作为核心。而核心条件就是团队成员相互理解，思想统一，最终产生共鸣。只有达到这个阶段的团队效率是最高的，合作也是最顺畅的，力量也是最强大的。

一个团队能够持久发挥强大的团队力量，依靠的应该是"共鸣"！一个优秀共鸣团队包括四项要素：

1. 共同利益与愿景的寻找

寻找共同的利益与愿景就是找出团队中成员共同关心的东西，比如说

共同利益、共同的远景与目标等。你要知道流于形式的理念很难让大家发自内心地认同团队价值,切不可只是为了团队领导者或团队自身目的,也不能停留在表面的口号或理念上。一个优秀的团队首先就应该满足团队成员的思想需求与物质需求,把大家这些共性的东西塑造、提炼出来,然后通过团队的协作,切实地达到大家的这些共同期望。当团队成员发现,原来大家的目标是一样的,价值观也相同,就有了一种同一条战线的兄弟的意识。当遇见内部矛盾时就会多一些理解与包容,遇到外部困难时也能同舟共济,而团队目标会在成员追求与达到个体目标的过程中自然而然地达成。

2. 着手制订工作计划与规则

如果工作计划是由团队成员一起协商制订的,大家也更容易理解与认同,从而使得计划一开始就能很顺畅地执行并拥有高度的默契。现实生活中通常都是高层领导制订计划,然后颁布实施,执行者大都不理解、不认同,团队效率可想而知也不会高。如果企业在制订计划的时候,让所有的相关人员都参加到计划的制订过程中来,不止可以获得很多宝贵的建议与思想,更可以使团队达成默契,甚至是产生共鸣。

杰克曾经为一家分公司的员工做商务培训,这家公司的员工从未接受过正规培训,整体素质比较低,对培训不理解,有抵触情绪。因为他们基本上都有一套自己的工作习惯和经验,并且自我感觉不错,这种情况下培训效果一定不会很理想,于是杰克把培训材料收起来,与大家一起探讨,该如何开发与维护客户。这样大家都来了兴趣,各抒己见,踊跃发言。于是,培训内容中糅合了大家的很多方法和建议,培训可以顺利地展开了,因为员工觉得这些培训内容是他们自己参与制订的,所以在后期的执行上都一丝不苟并严格遵守。这种培训方法比起强行灌输上级的规定与工作方法要有效得多,同时团队成员的热情也很高。

3. 团队领导者要具有奉献精神

一个团队要想达到思想共鸣的程度，必须所有团队成员共同努力，但是，尽管具备了以上两个条件可还是很难有效达成思想共鸣与默契协作。这是因为，还缺少一个共鸣型的领导者，简单来说就是这个领导者能不能发出引起共鸣的声音才是关键。

共鸣这个词汇来源于物理学，指的是两个或多个质量与频率相同的物体，当其中一个发出声音，旁边另一个相同物体也会跟随发出同样的声音。而发声物体能不能引起其他质量相同物体的共鸣，不只是要看彼此质量与形状是不是相同，更要看其发出声音的频率和波长。

这好比一个团队，虽然每个成员都有共同的目标和共同的价值观与利益，但是，领导发出什么样的信号，决定着其他成员是不是会产生共鸣。这其实是对团队领导者提出了更高的要求。除了团队领导具有高瞻远瞩的正确决策能力外，是否能为别人着想，是否有以团队利益为重的自我牺牲精神，就成了其领导团队产生共鸣力量的关键因素。不妨这样设想一下，如果团队领导者凡事以自己利益为中心，或以强权支配其团队成员，那么是不可能唤起团队成员共鸣的。

可以说共鸣是一种领导与员工之间推心置腹的意见交换后的共识，共鸣更是爱心、信任交互的结果。

4. 创造良性团队动力

一个优秀的团队需要领导者为团队打造良性的工作氛围，并为团队注入各种积极主动的工作动力。例如，领导要为团队营造一个良好的沟通渠道，让下面的声音能够上来，经过传递，让领导者听到并消化掉，然后将这些声音转化为具体行动再传递到下面，领导这样才能使决策正确有效，团队成员也会更积极地投入工作。领导者切忌不听下面的声音，关起门来作决策，然后把思想、决策从上面扔到员工中等着追踪结果和考核执行情况。就是说声音要由下而上，执行应该从上到下，因为决策如果都能从领导层开始做起，那不会有太大的阻力，正确的决策就可以顺利推行，这在一个共鸣团队中十分重要。

同时，领导者还应该制造一些良性的竞争，使团队中的士气与工作动力保持旺盛状态，这样对于提高团队的效率会有很大的帮助，久而久之当形成习惯后，便能使团队具有自我运行的良性动能。

一家汽车销售公司为了美化庭院环境，打算建两座花坛景观，于是，从园艺公司订了800盆盆花，第二天，景观需要的铁架和盆花都运到了公司的院里，可能是公司与园艺公司方面的沟通出了一些问题，园艺公司把盆花卸下车后却不负责摆放，协商了好长时间也没有结果。看着这么多的盆花，公司领导发了愁，为了不影响公司正常营业，必须尽快处理这些花。因为钱已经花了，不可能把花扔掉，那么处理办法只有一个——自己摆放盆花。可平白无故增加员工的工作量，而且又不是什么好干的活儿，如果强行摊派的话，必然会造成员工的不满，也很可能把负面情绪带给顾客。

那么怎样才能使这些员工在干活的时候没有反感情绪呢？领导在员工吃完午饭后开了一个非正式会议，让大家各抒己见，设计盆花景观怎么摆放。大家的参与热情都很高，有建议摆成企业标识的，也有建议摆成字的，等等。领导把大家的意见制订成两套方案，有一方支持A套方案，另一方支持B套方案。两套方案各有拥护者，而后分成两组，就具体方案进行讨论。下午正常上班，下班后两个小组按照中午制订的计划开始着手搭建各自的方案景观，领导亲自上阵，大家干劲十足。这时候大家就产生了两股主观的动力：第一，景观是自己参与设计的，这样一来，把苦差事转化为一种有趣的参与活动；第二，就是战胜对手的竞争性动力。我们知道工作内容始终没变（摆盆花），但大家的想法变了（不认为是苦差事，而是有趣的活动、一种竞争力），工作的动力、效率、质量都发生了改变。

因为事先参与了规划设计,在实施过程中对工作也都清晰明确,工作完成得很顺利。完工后,领导与员工在自己的"作品"前拍照留念,并请大家吃了一顿丰盛的晚餐,此事以皆大欢喜收场。

一个共鸣团队绝对不能出现"鱼缸效应",就是存在很多看不见的阻碍,这样会慢慢消磨团队成员的斗志。一个领导者必须让团队中没有暗礁,一切的矛盾、问题、潜规则等都要使其浮出水面,因为这样即便不好,但对团队的危害也不是很大。相反,当团队在全力运转中遭遇困境时,很可能雪上加霜地发生触礁,使团队土崩瓦解。现在我国有很多知名企业的失败多在于此,因此,我们的团队可以不优秀,可以有很多缺点,可以存在重重障碍,尽管如此也要让大家都能看得见,否则,撞玻璃门的危害远比撞墙的危害要大得多。

企业的领导者要常常提问并鼓励团队成员用提问的方式激发思考力。提问,并不是责问,这样使得团队气氛融洽,更容易发现问题,同时也很容易发现机会。一个团队中如果没有了指责,也就没有了负面的怨气和消极能量,提问不仅开阔了团队成员的思维空间,同时也让大家能够发挥创意,这在一些创造性强的行业中显得尤为重要。要记住,责问永远是团队头上的一片阴云,可能带来风雨雷电,也可能带来黑暗;而提问,永远是团队中开启智慧大门的钥匙。一个和谐的共鸣团队中,天空是没有乌云的,金光闪闪的金钥匙则随处可见。

总之,一个共鸣团队有很多良性的工作动力来源,我们应该根据企业不同的情况与特点,挖掘这些动力,充满整个团队,让团队成员工作起来积极有干劲。这样可以顺利达到目标,也有利于激励团队的工作热情,进入良性的循环轨道。

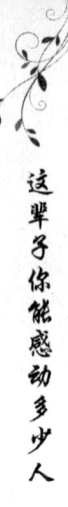

第六节 讲一个动人的品牌故事

一个能够感动人心的品牌故事,不仅会引起客户的共鸣,也会带来意想不到的获利。

40多年前,美国太空总署的一位科学家在一场实验爆炸中脸部几近毁容,因为烧伤比较严重,医院的皮肤科医生也无能为力,于是他决定自救。经过千辛万苦的寻找,他终于在海底深处找到了海藻嫩芽,经历了6000次的实验,历时12年的时间,他终于成功研发出烧烫伤乳霜海洋拉娜,最终治好了自己的疤痕。这是海洋拉娜的品牌故事。

在"泰坦尼克号"沉没几十年后,科学家在一次勘探行动中,从海底打捞起一件富豪用过的LV硬皮箱,撬开一看,非常惊奇的是里面竟然连一滴海水都没有渗进去。这是LV的品牌故事。

鲍尔曼是耐克这一品牌的创办人之一,有一天他做烤松饼时,看着烘烤盘四方格上头的面糊热得起泡,灵感一瞬间光临,此后研发出坚固耐用且避震性强的运动鞋,并且使之成为当时全美国运动鞋的销售冠军品牌。这是耐克的品牌故事。

以上说到的这些超级品牌,都是用独一无二的故事和顾客互动,从而让顾客感受到企业与众不同。

我们在向顾客推销一种东西时,不妨先替品牌描绘一个动人的故事,先和消费者说故事而不是卖东西,让他们从聆听的过程中,慢慢累积对品牌的感觉,于是在无形中,就可以把品牌深植在顾客心底。事实上人们不见得能一直牢记一个品牌，但是会持续怀念一个好故事。

事实上，感动人心的故事，不仅会引起客户的共鸣，也会带来惊人的获利。据哈佛大学研究指出：说故事可以让企业获利高达8倍以上。

对此社会学家作出这样的解释，故事提供给人们快速的联想空间，它直通人的感情神经，感情让客户知道需要什么，决定如何满足自我需要。

因此，耐克公司相当重视品牌故事，每年不惜为品牌故事付出高额酬金，资深员工则卖力创造一个又一个的故事，借此把耐克的品牌价值传达给外界，让所有的合作伙伴与员工都知道这些故事。耐克的新员工会参与讲故事；新员工听老员工讲当年创始人之一鲍尔曼如何把橡胶注入烘焙鸡蛋铁模中，用了多少时间，最后创造出耐克著名的鞋底模版，此后耐克一直致力于提供高性能的运动器材，让运动员充满自信，发挥体能的最大极限。

不难看出，目前的情形是，每一个成功的品牌，背后都是由无数个感人的故事所构成的，没有故事的品牌就只是一个符号，是没有生命力可言的。

因此，世新大学公共关系暨广告学系副教授黄光玉说："说故事是打造品牌最有效的策略。"美国ＺＩＢＡ设计公司董事长梭罗·凡史杰指出："在全球化时代做出质量好、功能齐全的产品只是基本功，一个品牌之所以能够屹立不倒，就在于这个品牌会说故事。"

但是用说故事来打造品牌却不是件容易的事情。比如中国台湾地区一些中小企业正准备朝说故事打品牌之途迈进，但品牌故事不是太过就是不及。

那么究竟要如何讲故事？

首先我们得了解要传递什么讯息给客户。

对此，英国品牌顾问公司专家很精准地说，品牌故事基本上就是满

足消费者所有的为什么,告诉消费者"我们是谁、来自何处、未来要往哪里去"。此外,品牌故事必须要呈现出品牌绝无仅有、无法被模仿的独特性格。

营销顾问业者"广告高手"合伙人米勒指出,"要说好一个故事,企业必须审慎思考自己的独特、与众不同之处。"

例如,一家暖气空调公司常常听到顾客的抱怨,顾客总是要等好几个钟头维修人员才姗姗来迟。于是针对这种情况,这家公司保证维修人员将会准时在约定时间一小时内抵达,如果迟到就免费给顾客修理。这个故事具有无比的震撼力,让这家"一个钟头暖气空调公司"获利良多,现在这家公司已经成为全美成长最快的连锁加盟体系之一。

接下来我们要探讨的是说故事打品牌,要怎样打动人?米勒说,首先是诚心诚意地说故事。故事之所以能够感动人心,是因为它是企业的肺腑之言,例如,"一个钟头暖气空调公司"对顾客作出的时间承诺。米勒强调,编故事每个人都可以做到,但只有在你的故事里让顾客感受到真诚,你的故事才会变成一项品牌讯息。

其次是你讲的故事能够得以实践。米勒解释,说个具有说服力的故事远远还不够,企业所做的每件事,都必须是这个故事的实践。

前几年美国 A.O. 史密斯热水器进军中国市场的时候,遭遇前所未有的困难,并使得这家企业连亏 3 年。但是在不久之后此企业靠着一则使用者的故事咸鱼大翻身,从此跳出了亏损的境地。这则使用者的故事是这样的,一位客户在电视广告现身说法:"我家的 A.O. 史密斯热水器已经用了 50 年。"令人不可思议的是一台热水器的使用寿命竟然可以长达半个世纪,就是这句话把 A.O. 史密斯塑造成"美国热水专家"。也就是这句话使得 A.O. 史密斯电热水器的品牌成长指数和品牌忠诚度都直逼排名第一的海尔。

柯锐思是奥美公关国际集团亚太区行政总裁，他这样建议：品牌可从四个角度去考虑，角色、情境、奋斗过程及迈向成功的解决方案。

品牌故事需要有一个有趣、有故事的角色，在故事中必须说明故事发生的时间、地点等，可以使人们一边聆听，一边在脑海描绘情境。在解说面对困难的奋斗过程时，故事要有些跌宕起伏、峰回路转的情景，才能引人入胜。最后说到如何解决困难的时候，必须创造与他人差异化的解决方案。

世纪奥美公关董事长丁菱娟说，企业领导人要率先成为品牌故事的"说书人"，要经常把品牌的创业故事、消费者回馈的难忘经验挂在嘴边，时时诉说有关品牌的各种故事；与此同时，还要让说故事在企业内部成为一项全民运动，让每位员工都变成企业打造故事营销的高手。

一个好的品牌故事，不太需要直指其商品的特色，而是应该站在听众的角度，让顾客去了解，品牌能为他们做些什么。例如英特尔和超微半导体两大中央处理器品牌的广告就从未谈到产品规格，而是努力营造消费者在体验商品过程中的情境故事，用故事让消费者了解品牌能为他们做到哪些事。

比如说，在纽约街头一个乞讨的瞎子在脸盆前放了一张纸板，上面写着"我是瞎子"，一位创意人路过，看他脸盆内并没有多少钱，于是在纸板上加了几个字，没想到过了不久瞎子的脸盆里竟装满了钱。这个人在纸板上加的字是这样的："现在是春天，而我是瞎子。"同样地，你说故事也要让消费者先感动，而后他们才会有行动！

第二章

来自心灵深处柔软的力量

第二章
来自心灵深处柔软的力量

第一节 以诚待人，别人也会以诚相待

"君子贤而能容霸，智而能容愚，博而能容浅，粹而能容杂。"俗话说得好，有人在的地方就是江湖，身在江湖难免发生各种利害冲突。有君子的地方，就有小人的出现；有温情的时候，也就有冷漠。人与人交往贵在以心交心，你真诚待人，别人才会真诚待你。对方心有成见，你肝胆相照的真诚也能使对方畅所欲言。

卡耐基在训练大中华地区负责人黑幼龙时说："人生最大的驱策力就是想成为好人，当你成为好人以后，最大的受惠者就是好人你自己，他周围的人也必定受惠，可以达到双赢的效果。"

印度一位哲人曾经说过这样的话，如果某个人在路上发现有人中了箭，他不关心箭从哪个方向飞来，也不会关心这支箭是用什么木头做的，箭头又是什么金属，更不会关心中箭人属于哪个阶层，他不会问这么多，只会努力去拔出那人身上的箭并对其进行施救。这就是善意的力量，也是人之本能，这种力量是最原始的一种善意，正是这种善意使人类得以一代一代地传承到今天。

我们在与人相处的时候要有一种求真的态度。这种求真的态度就是心怀善意，真诚待人。善意和真诚是浓缩了几千年人类真善美的精华，没有人会拒绝别人的善意和真诚。

基督教《圣经·新约》有这样一句话，后来成为人际关系中的一条黄

金法则："你想人家怎样待你，你也要怎样待人。"这是一条做人的法则，又称为"为人法则"，几乎成了人类普遍遵循的处世原则。古希腊伟大的哲学家柏拉图曾留给我们这样一句名言："一定要善意地待人，因为你遇到的每一个人活得都不容易。"法国伟大的文学家、思想家卢梭也说："对别人表示关心和善意，比任何礼物都能产生更大的效果，比任何礼物对别人都有更多的实际利益。"

美国最有影响的演说人之一和最受欢迎的商业广播讲座撰稿人托尼·亚历山德拉博士与人力资源顾问、训导专家迈克尔·奥康纳博士研究的成果中包括这样一项，那就是人际关系的一条白金法则。这条法则的精髓就是"别人希望你怎样对待他们，你就怎样对待他们"，我们从研究别人的需要出发，然后调整自己的行为，尽量运用我们的智慧和才能使别人过得轻松、愉快。不论是在社交中还是处理人际关系时，都要懂得尊重人，待人真诚，公正待人。

我们的立身之本，在某种意义上说就是真诚对人。人与人之间，只有真诚相待，才是真正的朋友。那些算计朋友的人，无异于在自己欺骗自己。人类和动物的一个根本区别就在于人是有社会性的，就是不论怎么样，人都要在社会上立足、生存、发展，都要结成群体，不可能永远独来独往。在交往的过程中，真诚可以减少双方猜忌的机会，降低彼此误解的概率；真诚可以减少那些不必要的"算计"对方，较容易集中重点，讨论问题并达成共识；真诚的人不会表里不一，待人处世自然容易与人沟通。从这个意义上说，缺少真诚的人都绝于人群。诗人萨迪说过："无论你是一个男子，还是一个女子，待人温和宽大才配得上人的名称。"

1969年，美国著名心理学家约翰·安德森在一张表格中列出了将近500个描写人的形容词，他邀请近6000名大学生从中挑选出他们自己喜欢的做人品质。调查结果显示，大学生们对做人品质中给予最高评价的是

"真诚"。在8个评价最高的候选词语中,有6个和真诚有关,它们分别是真实的、诚实的、真诚的、可靠的、忠实的和信得过的。大学生们对做人品质给予最低评价的形容词是"虚伪"。在5个评价最低的候选词语中,有4个和虚伪有关,它们分别是做作、说谎、假装、不老实。

约翰·安德森的这个调查结果在社会上具有普遍意义。现实生活中我们总是喜欢真诚信得过的人,不喜欢说谎不老实的人。一个真诚的人,尽管他有其他的缺点,但是同他接触时心神就会感到很愉快。这样的人,一定能幸福,在事业上也会有一定的成就。这是因为以诚待人,别人也会以诚相待。一个人只要真诚地待人处世,就容易获得他人的合作。真诚做人,坦诚相待,则容易让人接纳,能交到更好的朋友。

美国总统林肯生活中也非常注意培养自己说话的真诚情感。他说:"一滴蜂蜜比一加仑的胆汁能吸引更多的苍蝇。人也是如此,如果你能赢得人心,首先让他相信你是最真诚的朋友。这样,就像有一滴蜂蜜吸引住他的心,也就是一条平坦大道,通往他的理性彼岸。"1958年,林肯在一次竞选中说:"你能在所有的时候欺骗某些人,也能在某些时候欺骗所有的人,但不能在所有的时候欺骗所有人。"

在社会中,待人从来都是对等的,人心从来都是相互的。正所谓是"这个世界没有无缘无故的爱,也没有无缘无故的恨。"你对别人真诚,别人对你也就不会再欺瞒;你对别人欺诈,别人对你也会不老实。真诚的人会得到人心,对同志、上级、下属、同事,真诚意味着谅解、体贴、信任、爱护。坦诚待人,不但赢得了尊重和友谊,而且通常是加倍的。一个圆滑、虚伪的人可得一时,但不可得一世。

古人有云:"心静生智能,行善生福气。"我们的心就像一粒种子,生长在天地中间,喜怒哀乐的情感造就了善恶之心。拥有一颗充满善意的心,行为和语言就会不一样,那么情怀和境界自然也就会不同。心怀善

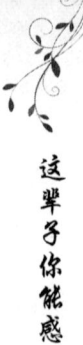

意，真诚待人的人，人生的路必将越走越宽，也必将获得常人难以企及的成就。

第二节 付出的时候，你是真诚还是假意？

当我们有了崇高的愿望，还需真诚地为此去努力，通过一定的行动才有可能收获，这个过程就是付出的过程。

感商 TQ 所讲的"付出"是这样的：光"想"不"动"不是付出；动机不纯的行为不是付出；自不量力不是付出；有所保留也不是付出。

感商 TQ 的三大特征包括真诚、付出、不求回报，而排在第一位的就是"是否真诚"，因为真诚是"魂"，是一个人内在修为的根本，是其后一切行为的前提。

不真诚，就不会有崇高的愿景，也就不会全力以赴为此愿景付出；假如你不真诚却有付出，那一定也是出于不够崇高的愿景。

这就好比是一个只把顾客当作"钱包"的老板，要求员工不择手段地去实现销售以获取利益，很难会对顾客产生"我要好好服务，一定要让顾客满意"的念头，也不会为了实现这个"目标"而努力奋斗。

做老板的人，可能会经常遇到一些看似积极努力，但却明显感觉到员工只是为了获得某个职位或某项奖励而如此表现。我们不能说这样的员工不好，也不能说这样的员工就是人品有问题。如果从企业的角度来说，这些员工对企业的发展是不真诚的，他们的愿景出发点不够崇高，因为他们只把企业作为获得报酬的一个途径而已。对这样的员工来说，在哪一个企业工作性质都一样，之所以选择这个企业工作，可能仅仅是因为这里待遇比其他的企业好而已。

"企业的成败是老板的事和员工是没有关系的，这家倒闭了再换一家就是"、"干的活多就是为了多拿钱"、"哪儿待遇高就到哪儿去"是这类人的基本特征。

有这样想法的人往往具有一定的实力，因此，有很多老板们也喜欢使用这样的人。但是也有很多看透了这一点的老板，绝对不会对这样的人"委以重任"，把企业的命脉交到这些人手上，尽管他们的职业能力超强。

也同样，老板们大多会把这样的人看成获取利益的一个途径——你有本事、想多赚钱，我就给你这个平台，你多给我赚钱我就多给你报酬，一种你情我愿的公平交换关系，仅此而已。

尽管有不少人提倡，碰到这样的员工，老板们也应该用感商去感化他们和企业成为"一条心"，为了今后的发展一起努力。但有人反驳说，这些人从内心就不会对企业产生认可，他们的愿景自然就不会有多么崇高和真诚，正所谓是人各有志，"志不同不相与谋"。

最后你就会发现，最终成为企业"接班人"的，往往是那些对企业绝对真诚、也许在能力上并没有上述那些人优秀的"可靠之人"。

付出，就是为真诚的愿景而努力。

如果对某个人或某件事怀有极度的真诚，同时也愿意为了那崇高的愿景去付出努力，可如果这只是停留在"心里"，没有付诸行动的话，去"感动一切"就成了一句空话。

就像是你爱上了一位姑娘，每天对着"心中的影像"一遍遍地说："我爱你，我此生最大的愿望就是让你幸福！"如果你说的这些都是真的，可是，你一直都没有行动，你不敢去找她，不敢向她表白，甚至无意间的碰面你也不敢抬头正眼看她，于是你只是整天沉浸在自己的幻想之中。

几乎是每天早晨一醒来就开始想,"她睡醒了吗?昨晚她睡得好吗?早饭吃什么呢?能吃得好吗?上班路上会不会堵车呢?赶得上车吗?……"你越想越焦急万分……终于,你不得不起床了,否则,除了早饭没时间吃以外,你上班都有可能会迟到。

因为你从来都没有想尽办法去创造与她接触的机会,利用一切手段向她暗示、表白,更没有在某天一大早,顾不上自己吃早饭,赶好远的路去为她买来"经过千辛万苦才了解到的、她最爱吃的"的早点,怕她吃不到热的,你脱下自己的外套把那早饭包裹严实,然后,跑到她家门口,拿出手机,调出通过"不正当手段"获得的她的手机号码,用由于紧张而颤抖的双手为她编辑信息:"该起床了,早饭在你家门口,今天有点儿凉,出门时多穿点儿,我在路口等你,送你去上班。"然后,鼓起勇气按下发送键。

其实,很多人之所以没有"赢得"自己的所想,主要是因为他们仅仅把那美好的真诚愿景留在了心里没有去付诸行动。

所以,当你毫不犹豫地肯定了"是否真诚"的问题之后,应该经常问自己:"我付出了吗?"以及"我真的毫无保留并全力以赴地为了那个崇高的愿景而付出一切了吗?"

第三节 情感投资,聚少成多

很多人认为求人是一种短平快的交易,用不着花那么多的时间去搞马拉松式的感情投资?这种想法是不对的,古人有云:"平时多烧香,急时有人帮","晴天留人情,雨天好借伞。"

只有拥有了良好的人际关系，才会求得他人的帮助，可是良好的人际关系不是一时半会儿就可以建立的，必须从点滴做起，依靠平日里的情感积累。

古人曰："积土成山，风雨兴焉；积水成渊，蛟龙生焉。"只有通过不断的构建和巩固，人际关系才能牢固。情感投资，聚少成多。当你有了"铁"关系垫底，又何必愁求助无门呢？

社会的快速发展，使现代人的生活越来越忙碌，很多人没有时间进行过多的应酬。时间久了，许多原本牢固的关系就会变得松动，朋友之间逐渐变得有些陌生。这种结果是很可惜的。我们多么希望人们珍惜人与人之间宝贵的缘分，即便再忙，也别忘了沟通感情。否则，"临时抱佛脚"，关键时刻找人帮忙未必行得通。

在当今社会，人们在过分追求精神生活的同时，往往忽视了根本的生活准则。社会学家在分析亲戚关系弱化时曾指出：家庭纽带关系在现代大城市中不断变得松弛，主要原因除了生活节奏比较快外，人们还往往在亲戚以外寻找自己的社交圈，从而导致人们的亲戚圈萎缩。

现代社会中个人生活空间在现实世界和网络世界都得到无限扩充。亲戚是我们的血缘纽带，而朋友是我们的业缘、地缘纽带，在扩大的人际交往中，无形中使我们与亲戚逐渐疏远。实际上，亲戚关系在人们的人际关系中也是必不可少的，它也会帮助你走向成功。

古人有云："衣人之衣者，怀人之忧。"意思是说，穿了别人的衣服，怀里就会装着别人的心事或隐忧。简单来说就是，收下了别人送来的礼物，就得为别人办事。与别人建立良好的关系不是一下子就能做到的，它需要日积月累的过程，需要不断地培养感情。

美国大亨洛克菲勒曾感慨地说："与人相处的能力，如果能像糖和咖啡一样可以买得到的话，我会为这种能力多付一些钱。"而美国有这样一

句名言："20 岁靠体力赚钱，那 30 岁靠脑力赚钱，40 岁以后则靠交情赚钱。"其实以上两句话讲的都是一个意思，就是朋友多则赚钱的机会多。

那么所谓的朋友关系如何培养呢？卡耐基认为："完整的人际关系包含三个阶段，发掘人脉、经营交情、出现贵人。"现在看来，建立人脉已经不是过去所谓的"拉关系"那样简单了，这其中包含了很多深层的东西，需要我们用心去经营。

很多人都会认为：经常在一起吃饭喝酒的只是酒肉朋友，不见得有多少真心。然而，这却是发展人脉关系的出发点，然后再从这些酒肉朋友中挑选可重点发展的对象，慷慨对待别人，同时也得让别人感受到你的真诚与大气。这样，你的感情投资就算是成功了一半。

第四节　区分"要"和"索取"的意义

有一个聪明人和一个老实人，同时被无常招去。他们俩到了阎王殿，阎王向他们说道："你们俩现在可以转到下一世了，但在转世之前每人必须选择一种做人的方式，谁先选呀？"

聪明人一听，急忙向前一步说："啊啊，亲爱的阎王爷我选吧。"他想："我先选，我的机会就多一些，我肯定能选个好的。"

阎王道："现在有两种人供你们选，一种是只求索取不需奉献的人，另一种是只愿奉献而不求索取的人。你选哪种呀？"

聪明人不加思索地答道："我选第一种，只求索取不需奉献。"

阎王看了看聪明人又问："你不反悔？"

第二章
来自心灵深处柔软的力量

聪明人想：只索取不奉献多舒服呀，傻瓜才反悔呢。就坚决地回答到："我绝不反悔！"

阎王又转向老实人："现在你是没得选了，只能做后一种只愿奉献而不求索取的人了。你愿意吗？"

老实人这时才开口道："我愿意，不管您怎么安排，我都愿意，而且世上总归得有人去奉献呀。"

于是阎王就命他们俩去转世投胎了。后来，聪明人做了乞丐，一生都在索取。老实人做了富翁，一生都在奉献且无怨无悔。

这个问题的关键是人们没有把"要"和"索取"区分开。"要"的主要含义是"希望得到"的意思，它表达了一种主观的意愿，比如说，我要努力赢得你的爱，我要娶你等；而"索取"的重点在"索"，它表达了带有"用客观的行动去强求得到"的意思。

我们强调，盼望得到，但绝不索取。就像你爱上一个姑娘，你真诚地为了"让她幸福"而毫无保留地付出后，你的真情终于打动了她，她最后爱上了你，也接受了你，并且答应嫁给你，这个时候，除非你不想娶她了，否则，只有"脑子生锈了"的人，才会"崇高"到不要这个"美好的回报"！

不索取回报的意思，就是不能因为你付出了，便要求对方给你相应的回报。你能做的只是在真诚的付出中去"等待"这一刻的"自然"到来，你不能够动不动就去"索取"。这就好比是你"追求"了人家一段时间后，便去问对方"我对你这么好都这么长时间了，你怎么还不答应我啊？"或者"我十年如一日地这般对你，你怎么就没有一点表示呢？""你到底要我怎样才肯答应我？""我要等到什么时候你才会答应我啊？"等等。

如果你不断地索取，我就会怀疑你对爱的真诚，你到底是为自己幸福着想还是为了对方幸福？

歌手周蕙在她的代表作之一《约定》中唱出这样的境界：我会好好地

爱你，傻傻地爱你，不去计较公平不公平。

真正爱一个人的时候，是不会觉得"累"或者"不值"的，因为他（她）享受着爱的过程，感受着每一次的付出带给对方的幸福和快乐。就是你快乐所以我快乐！

你要明白，表明立场为了愿景而去实现目标的愿望，和索取目标的达成是完全不同的。

就像在爱情的追求过程中，向对方"示爱"是很正常的事情。你告诉对方"我喜欢你、我很爱你、希望你能嫁给我、我会给你一辈子的幸福"，甚至"嫁给我做我的老婆吧"的求婚等，都没有什么不妥。

它们和索取的区别主要是，前者只是表达某种美好而崇高的愿望，是一种期望或盼望；而索取就是等于在强求，是通过一定的行为要求对方给予。

人们愿望的表达通常在祥和、融洽的气氛中进行；而索取，常常夹杂着抱怨、质问等，并有可能出现尴尬甚至争吵等局面。

表达愿望的人姿态一般都比较低，很尊重对方，比如"我真很爱你，我一定会让你幸福，嫁给我好吗？"与表达愿望相比，索取时往往是属于居高临下，比如"我那么爱你，相处了这么久，为你付出了那么多，你为什么还不答应和我结婚？我到底怎么做你才肯答应我？"很显然，索取会让对方在心理上产生不舒服的感觉。即使情况确实就像你说的那样，也理应答应这件事，但如此索取的方式，总会让对方感觉是在"被逼无奈"之下的"迫不得已"，其实质是让对方感觉不到被尊重，即使答应了，也不会有什么"成就感"。

这样一种"出力不讨好"的感受，相信没有人愿意接受。所以，要想赢得对方，首先要尊重对方，真诚地表达出愿望，然后虔诚地等待对方"给予"你。

如果你一直"得理不饶人",觉得"顺理成章"的事情就该是你的,"一意孤行"地去索取,反而会弄巧成拙,激起对方的"斗志"去维护自己的"尊严",其结果往往不会是你期望的那样。被接受从被尊重开始,被尊重从尊重他人而来。

第五节 以小见大,细微之处见真情

判断你是否真诚,看你的付出是不是纯粹就知道。

很多人嘴上一套,行动一套。平日里称兄道弟的,可到了关键时候,所有情谊、人品便暴露无遗。

人们常说,日久见人心、危难之时见真情。当在一件事情面前,和自己利益相关的时候,一个人的行为最能反映他人品修为的高低。

古希腊有一个年轻人叫皮西厄斯,因为一时大意触怒了皇帝奥尼休斯被推进监狱即将处死。皮西厄斯临终最后的请求是希望可以回家乡一趟向他热爱的人们告别。暴君嘲笑他说我怎么能够相信你会遵守诺言呢?你只是想骗我逃跑吧?!这时候,一个名叫达芒的年轻人站出来表示皮西厄斯是一个守信之人,自己愿意代替他关进监狱,如果皮西厄斯没有回来,自己情愿替朋友一死。时光过得飞快,行刑的一天到来了,达芒作好了死的准备,但他对朋友的信赖依然坚定不移。就在狱吏带他去刑场时皮西厄斯出现在门口,原来是因为暴风雨来临,皮西厄斯乘坐的船只被耽搁了。

试想,我们在现实生活中碰到这样"死都愿意"的真挚友情难道不会动心吗?

故事的结局是国王也被深深地感动了,于是他们俩都被释放了。

还有什么比这更能震撼人心的付出吗?

非亲非故,却愿意为朋友两肋插刀、拼死担保、肝胆相照的情谊谁能不感动?!

当我们在为每一个人做每一件事的时候,是不是怀着最崇高的愿景去以诚相待的呢?

真诚是一种良好的素质和品德,一个人或一个单位的文化中最本质的自然体现也应该是真诚;它显露的不是"一时"而是"一世"。假如我们发现,相关个体在不同的时间对不同的人或事时,其基本的行为准则有所不同而区别对待,那我说,一定是不真诚的。

人们在感知对方是不是真诚方面似乎有着与生俱来的超凡能力。就像一个表演艺术家一样,它是在"演"戏还是真正"进入了角色"观众都会一目了然。

佛家讲究对待一切不能有"区别心",意思就是让我们真诚对待每一个人和每一件事。"真诚"如果是装出来的,只会招致人们的反感和厌恶,只有发自内心真正的真诚才能感动一切!

我们常说的"以小见大",就是体现了"细微之处见真情"的道理。

2007年9月,挪威西部的一个城市桑纳讷市,在全国大选的前一天。这一天皮尔先生把一张已填好的选票委托邮局寄到80千米外的一个小镇去,他特意嘱咐邮差工作人员"一定要将选票在选举结束之前送到"。

这张选票被正常寄出后的第二天,也就是选举当天的上午,桑纳讷邮局接到了皮尔先生的那张选票被错误地寄到另一个小镇邮局的电话。而从错寄地邮局再邮寄那张选票的话,时间上来说根本不可能按时送达。

这个邮局中不论是员工还是局长,一致认为这件事十分严重。

尽管挪威的法律没有规定说邮局在邮寄工作中不允许出现失误,但是选票不能如期寄到，皮尔先生就将失去他的选举权。

那么这件事要怎么处理呢，这将体现邮局是不是在真诚地为顾客服务。

情况如此危急，究竟该用什么办法来补救？

最后桑纳讷市邮局作出了最终的决定：不管花多大的代价，也要把顾客的邮件准时送到！

紧接着，邮局立即求助快递公司，并由其租用了一架民用航空公司的直升机，在距离投票截止时间还有25分钟的时候，皮尔先生的选票被按时投进了票箱里。

得知选票顺利到达的消息后，邮局的所有工作人员都松了一口气。

为了这张小小的选票，他们支付了相当高昂的费用，而这张选票，也成了邮递史上邮寄成本最高的邮件。

随后，桑纳讷市邮局的做法引起不少争议：包专机运送一张选票，是否值得呢？

从本质上来说这件事说明了什么？

我们可以看到，即使他们不用花如此大的代价，去纠正自己"偶尔"的一个"小失误"，连法律也不会拿他们怎么样。

那么，是因为他们有什么顾忌吗？是形象？是品牌吗？只是一张没按时寄到的选票，只是一位普通的顾客，能有多大影响力去毁灭一个企业？

我们的生活中会遇到这样让人气愤的事：当你的邮件寄出了好久，按照正常的日期应该到了，可对方还是没有收到，你便去邮局咨询并进行查询，工作人员不耐烦地敷衍着你，于是你更加生气，大叫着要"找你们领导"、要去"告你们"、马上去媒体"投诉"时，人家也没见得紧张，邮局的领导也没有"屁颠颠"跑出来求你手下留情，甚至媒体接到你的投诉后也没有给你"主持公道"，更没有记者或编辑语重心长地劝你"再等等"；

或者是要你"再和他们沟通一下,让他们给你催催"。

你,只是一个普通得不能再普通的公民,还能怎样去实施你有限的"影响力"呢?去他们门口"大闹"吗?问题是,有多少人会关心"你这点儿小事"?同情心大家肯定是有的,顶多有人稍作停留,听明白是怎么回事后,摇着头赶紧去办自己的"正事"了。

你知道那"摇了摇头"代表了怎样的意义吗?

因此,留给桑纳讷市邮局做法的解释就只能说明,他们是真的发自内心真诚地为每一位顾客服务,他们不允许自己犯哪怕看起来是多么"微小"的错误。因为他们知道,这种失误率在邮局一年的工作量中,可能只是占到万分之一或几十万分之一,但它对于这个顾客所造成的损失却是百分之百!

最终,桑纳讷市邮局对顾客服务始终如一的真诚感动了所有人!

第六节 失败也是另一种得到

有一年的春天李潇去郊外踏青,远远看见一对年轻人,他们正试图将挂在树上的一只漂亮风筝弄下来。那男孩尽管很努力但还是没能爬上树去,李潇走近仔细观察后提醒他,即使你到了树上也不见得能把风筝取下来,因为看起来细小的树枝被线缠绕得很结实,晃动解决不了问题。

很明显,就目前的状况大家很难让它"全身而落"。没想到的是,后来那小伙子竟然抓起地上的石块不断地向它砸去,而且气急败坏地喊道:"我得不到,别人也休想拥有它!"

第二章
来自心灵深处柔软的力量

李潇被惊得目瞪口呆的同时,那美丽的风筝已经千疮百孔。

我们再来看另外一个情境:在行驶的火车上,一个老人把刚买的新鞋不小心从窗口掉了一只出去,周围的人都觉得很可惜,没想到老人立即把另一只鞋也从窗口扔了下去。这令在场的人都大吃一惊。老人却轻松地解释说:"这一只鞋无论多么昂贵,对我而言已经没有用了,如果别人可以捡到一双鞋子,说不定他还能穿呢!"

两个故事,两种做法,成就了两个截然不同的结局。

这两个故事中,谁会被人鄙视、谁又会被人尊重应该一目了然了吧。

想起曾经看到过这样一则报道:某男孩因女友提出分手,气急之下便用硫酸将女友毁容,其内心的狭隘理念竟然和那砸风筝男孩如出一辙。

演讲的老师都会在演讲的时候提到对无法赢得爱情时的反思,那么大家不妨现在思考一下:假若你"要让对方幸福"的话,此时你会怎么想?怎么做呢?

在如此崇高的愿景之下,你应该会明白,她不爱你,只能说明你还没有感动对方。这说明不了你不优秀或者对她不好,也有可能是你的价值观念、为人准则甚至是某一行为习惯和她没有产生共鸣,或者和她原有的潜意识中的"白马王子"的形象有些差距,简单来说就是有些对不上号或还不是很满意,而通过你们交往的过程中,你的感动力也未能改变她的"标准"。

不要说像上述例子中那极端的做法,就是你想到这么久对她的付出却"换来"如此的"下场"而指责、质问她几句,或者抱怨几句,我们都可以肯定地告诉你,她此时一定在想:"瞧瞧,他果然就是这样一个人,他根本不是真的爱我,也不希望我得到幸福,而只是想得到我的'人',幸亏还没答应嫁给他,否则后果不堪设想,现在看来这决定非常正确。"

接着我们去想象另一番情境:如果你希望她幸福、快乐,那你就一定

能想到"强扭的瓜不甜",这种情况下,即使她出于同情、报答或其他非她本意的心理而嫁给了你,她也一定不会快乐。

于是,你尽管心里特别的痛苦,但还是要告诉她,你依然爱她,也不会怪她,她之所以作出今天的选择是自己做得不够好,你也很遗憾不能让她感到幸福快乐,最后你祝愿她能找到一个称心如意的人并真诚地祝福她永远幸福、快乐!

"在你没有找到'白马王子'之前,我依然会追求你",你含情脉脉地对她说,"我会等你!"

现场听讲的女孩子听到这样的话时无不动容,台下立刻一片骚动,议论四起。

这时候,演讲的老师会停下来一会儿,让她们尽情地去和身边的同伴感叹。

确实也曾有女孩在散场后和演讲的老师说:"您说的这么好的男人实在太少,我要是现在提出分手,我男朋友非'吃了'我不可。"其他女孩子也随声附和着,有一个女孩插嘴喊道"要真碰到这么大气的男孩,我可能反而回心转意去爱他了。"

著名歌手刘若英有首歌唱道:"很爱很爱你,所以愿意舍得让你,向更多幸福的地方飞去……"

这就是感商的境界。

爱情尚能如此,何况一物。

第三章

奇迹总是青睐那些肯于付出的人

第三章
奇迹总是青睐那些肯于付出的人

第一节　你真的努力工作了吗

　　对于付出，我们先从爱情说起，比如，当你爱上了一个人，并真诚地希望能使对方幸福快乐。在漫长的追求过程中，在成功追求到之后，你是真的一直毫无保留并全力以赴地捍卫着那崇高的愿景吗？

　　为了他（她），你情愿远走他乡，放弃自己安定并且最喜欢的工作？放弃了一切对方不喜欢的爱好？忍受了对方的任性？改变了自己的生活习惯？并心疼他（她）每一次的流泪？

　　中途你曾犹豫过吗？是否怀疑过自己的这一行为的对错以及是否值得吗？甚至在展望结果之后，感觉"要追到他（她）似乎很难"，或者"这事好像有点儿'悬'"了吗？

　　如果你有过这样的念头，哪怕只是"一闪而过"，大家可以这么说，你还是不真诚，因为你在乎的是结果而不是过程，你的着眼点是"自己是否能有所获得"或者"是否会有所失去"而并不是"只想让她幸福、快乐"。

　　如果你的愿景不崇高伟大的话，就会在怀疑、担心之后行动减弱，你会"边走边看"，而不是"全力以赴"！

　　你只是畏首畏尾，有所保留地在付出，又怎能让人满意呢？

　　所谓的"全力以赴"就是在真诚地为了某个崇高的愿景，一心一意地期待着那愿景的实现，然后心无杂念地一往无前、全身心去为此努力。

　　接着我们要说一说那些企业主们，如果你是真心想让你的员工幸福

快乐地工作,那么你设计的所有规章制度,都是以此崇高的愿景为出发点吗?你真的尽全力改善员工的工作环境和劳动条件了吗?你减轻了员工们的劳动强度吗?你减少了自己的所得并同时增加了他们的劳动报酬了吗?你有没有减少应酬、放下架子、深入基层去体会他们的生活?你真的发自内心地尊重每一位员工了吗?

还有员工们,当你决定为企业的发展作出贡献的时候,你真的放弃了自己的所有时间,起早贪黑、不计报酬、真心实意地为企业努力工作了吗?

最后再提醒一下领导干部,当你真诚地希望为百姓谋福利,在决定投入市政的一个项目之前,你确定这是老百姓最需要的吗?你深入基层调研过吗?亲自听过百姓的心声和意见了吗?在工程开始建设后,你持续在关心原材料的货真价实、工程的质量和进度吗?当工程建好之后,你问过百姓对此是否满意吗?

接下来,相信每个人都会有很多需要反思的地方。

如果还想不清、思不明,那就接着看下面的问题,来一步步领略感商TQ思想的"付出"境界吧。

第二节 付出要竭尽全力

为什么我们要在已经提到"付出"之后,还要不断地强调"毫无保留、全力以赴、付出一切"吗?

因为如果你做不到,我们可以认为你不真诚;如果你有所保留,我们

第三章
奇迹总是青睐那些肯于付出的人

会认为你为那愿景付出的决心不坚定；如果你一味地瞻前顾后、缩手缩脚又怎么会激发出最大的能量去赢得一切？在北京2008年残奥会男子52公斤级举重比赛中，埃及选手乌萨马用尽全力，在成功举起167.5公斤的重量后，当场晕倒。

幸好，他很快就苏醒过来，最后他以同样的成绩而体重略重获得银牌。

作为专业运动员，难道他不知道如此付出会有危险吗？

他当然知道，既然知道那他又为什么会竭尽全力、奋力一搏呢？

对于这个问题的答案，我们看一下"潜能开发"的课程就会知道。

导师在台上热情似火地讲解、激励过后，接着为了证明自己所说的"坚定信念、相信自己、全力以赴"就能够激发出自己不可思议的潜能，他指着放在两张桌子中间的一块木板问大家："你们认为，我可以用手把它击碎吗？"台下的学生高声附和"能！一定能！"于是，导师摆好姿势后一声大喊，举手向那木板劈去。

结果是令在场的同学遗憾的，木板还是保持原样，导师抱着那只手显出非常痛苦的表情。

但是他并没有气馁，在一片加油声中，一次次举手劈下，最终，木板断了。

紧接着，一个看上去弱不禁风的小淑女被导师喊上了讲台，导师问她："你相信我吗？"女孩点头表示相信，当导师得到肯定的答复后，他再一次提高声音问道："你真的相信我吗？"那女孩也大声说："绝对相信！"导师向不远处的两名助理招了招手，他们手拿一块同样的木板，每人各持一头举向那女孩。

导师说："那我现在肯定地告诉你，如果你集中全部力量，一心一意地一拳打下去，就完全可以将它打碎并且自己不会受伤，你准备好了吗？"

　　那女孩显然没有料到导师之前的问话是这个目的,她一时张着嘴愣在了那里。

　　台下的听众也霎时没了喧闹声。

　　"去吧,去打碎它!"导师对这一切变化没有什么反应,不失时机地大声催促:"快去,打碎它!"

　　那女孩迟疑着不肯动身。

　　导师转而向台下的观众问道:"你们相信我吗?你们不相信她吗?你们为什么不给她鼓励、加油的掌声呢,难道你们不希望她战胜自己吗?"

　　台下传来了一片呐喊声。

　　最终那女孩咬咬牙拉起了姿势。

　　那两个强壮的助手似乎怕被这一拳的冲击力殃及,赶紧重心下移,双腿分立前弓后蹬,两臂随腰向前挺举。为了不让自己的脸受伤,他们远离木板而各自歪向两边,就这样准备迎击。

　　在观众一片"打碎它!打碎它!"的呼喊声中,女孩抿着嘴、皱着眉冲了过去……

　　木板毫发未损。

　　台下顿时响起一片失望的声音。

　　在导师大声的鼓励和台下"再来!再来!"的鼓动下,女孩又一次向木板冲去。

　　这一次仍然没打碎。

　　现场的气氛开始尴尬。

　　在一片沉寂中,导师对着女孩失望地摇着头。他声音很低,像是自言自语地说道:"你不是相信我吗?绝对相信我吗?那为什么不全力以赴呢?"

　　突然,他一遍遍地大喊:"下去吧!下去吧!赶紧下去吧……"并严厉地瞪着那女孩。

女孩有些下不了台，似乎是完全被激怒了，她气喘如牛、咬牙切齿、怒目圆睁，一声长啸，不顾一切向木板冲去……

节目到此结束。

导师接着宣布，培训圆满成功。

那么结果呢？

当女孩睁开眼时发现，自己的手没断也没破，那块板子已经套在了自己的臂膀上——她竟然一拳打穿了它！

回过头来想想，如果那女孩真像她自己说的，对培训师是"绝对信任"，那她就应该坚信那句"非常肯定地"告诉她的话，"只要你……就可以……并且不会受伤。"

导师当然不会骗人，更不会让她去冒"断手"的危险，因为那"木板"是精心准备的，只是非常安全的道具——任何人只要稍微用力都可以击穿它而不会受伤。

很明显，女孩嘴里所谓的"相信"并不纯粹和真诚，在自己付出时她便开始怀疑和犹豫，"你虽然说得肯定，可你有什么把握保证我不会受伤呢？万一……"如此担心之下，她在即将接触到木板的刹那，为了免受伤害，她一定会"收敛"自己的行为而减弱力度。

由此可见，我们之所以不成功，就是因为我们对自己的愿景不够真诚、坚定，如果信心一旦动摇，对得失有所顾忌，便不能全力以赴地付出。

第三节 你是全力以赴，还是尽力而为

对于真诚之下的"全力以赴"，老师在一次给大学生的讲座之后有很多同学问了这样的问题，比较有代表性的是："我没有经济能力，也没有其他可以利用的资源，但我相信只要是凭着'为他'的崇高愿景，并且真诚地为此而付出就可以成功。可是，像我这种境况如何能'全力以赴'？拿什么去'全力以赴'？"

要知道，"全力以赴"当然也要"量力而行"，简单来说就是在你"力所能及"的范围内去"竭尽全力"。就像我们上面说到的在北京奥运会当场晕倒的举重运动员乌萨马一样，他平时就知道，自己能举起的极限重量应该在167.5公斤左右，才会尽全力一搏，他肯定不会毫无根据"想当然"地要个267.5公斤，然后尽力去拼。

以上学生理解上的偏差主要是因为他们把"为他人的付出"想象成了"给予对方一定的物质帮助"。

很多人都不会提倡也不会支持，那些每月仅仅靠父母供给的500元钱维持当月生活和学习开支的学生们，为了表达自己所谓的"爱心"去向他人借来5000元全部投入募捐箱，从某种意义上说，这是一种不真诚的行为。

据说在一次募捐中，很多小学甚至幼儿园都"倡议"学生捐款，更让人不能接受的是，老师清楚地告诉每个孩子需要捐款的金额，并根据所捐款的金额盖上不同数量的"大红花或红旗"，并且年级之间的名次也是由

捐款金额来决定的。

可想而知这些孩子自然会把这一"光荣使命"都转交给父母。捐多少是次要考虑的,而留给父母们的难题则是:要不要给孩子争这个"面子"?

这些学校的所作所为,到底是在鼓励什么?希望弘扬什么?我们的愿景到底是什么?我们的目的又在哪里?

后来听说,有一个小学生一下子捐出上万元……

可想而知上大红榜第一位是非她(他)莫属了,后来听说该生被学校作为"典型"用来教育其他孩子并让大家向其学习……

令我们深刻思考的是学校为孩子们幼小的心灵成长导演了怎样的一出戏?

戏中的孩子们在扮演着什么角色?

那些家长花巨资为孩子"买"回来的到底是什么?

孩子们从中又收获了什么?

……

很多老师都会接着反问这些学生:"如果你们真诚地想为同学们做点贡献,那可不可以在上课之前早点到教室,然后擦黑板、扫扫地、抹抹桌子呢?"

事实上,当你在走路过程中顺手捡起地上的垃圾、帮忙推一把正在上坡的三轮车、放学时把教室里的窗户和电灯都关上等,这都是"力所能及"范围之内的付出,只要一切发自内心,真诚地"尽力而为"就很好。

第四节　不索回报，只管用心去做就好

有了行动的话，还要看你的"动机"是不是真诚。虽然动机不纯，也会有相应的行动，但只是为了实现自私的目标而缺乏崇高的愿景而已。现实生活中即使是表面的付出，有很多人也会因为没有真诚而不愿意投入太多。因为目的性太强的话，做事往往会变得急功近利，突出的表现就是坚持不了多久就开始"索取"。

有一个人特别想快点升官发财，见其他同事都很信佛，于是，他也每天按时上香祷告，希望佛祖保佑他能早点升官发财。这样的日子坚持了一段时间后，他发现自己不但没有高升，连工资的增长速度和别人相比也差距越来越大，于是便来质问佛祖。佛祖反问了他三个问题：

1．你是因为信佛才来念佛呢，还是因为想升官发财才来求佛？

2．你只是上了几炷香、念了几天经就要佛祖显灵，你在世上做了多少善事、布施过多少回？

3．修佛之人得到的回报不一定是直接的，也许是富贵又或是长寿；也许是父母又或是子孙；也许是今生又或是来世。如果你可以去除杂念、潜心修炼，又怎知不会修成正果？

这个故事正好是感商ＴＱ三大特征的集中体现。

也就是说，你想升官发财就装出一副"全心全意为人民服务"的样子；平日到基层视察工作的时候只是象征性地走走过场，装模作样地高喊几句口号，根本就不实实在在地为老百姓办实事；就是这样，也没能坚持下来，

第三章
奇迹总是青睐那些肯于付出的人

便开始历数出那些个曾经的"花架子"来索官要官,并要依此加薪酬,试想,谁又能接受呢?

只要有索取,就证明你对崇高愿景的付出不够真诚,你追求自私目的的实质就会全部泄露出来,其结果就是你根本不能赢得这一切。正所谓是"瞒得了一时,瞒不过一世"。

事实上,做事就是做人,我们把目标变成为崇高的愿景,随后就真诚地付出,在此中间不要投机取巧,也不能患得患失,更不能因为有了些许付出便去索取回报,这样你才会实现真正的目标。

接着就有这样一个问题,那就是,当我真诚地为了某个崇高的愿景全力以赴地付出之后,不管付出多少也没有索取过回报,那么,我们要这样持续地付出多久?这其中的时间如何界定?什么时候才能赢得我们所要的"目标"呢?

"直到赢得的时候"你就不用再付出,可是谁也无法将它具体到某个时刻。

在看过《孤独的科学之路钱德拉塞卡传》这本著作后,人们就会对感商ＴＱ思想中的"付出后不可索取回报"的原则有了更加深刻的理解。书中这样写道:

钱德拉塞卡是个有点羞涩的印度青年。19岁的钱德拉塞卡由于成绩优异获得政府奖学金,并且只身乘船前往英国剑桥求学。在漫长的航行中,他初步计算出一个结果:当恒星质量超过某一上限时,它的最终归宿将不会是白矮星。要知道在当时,恒星的白矮星阶段被认为是一切恒星演化过程的最终阶段。

后来钱德拉塞卡在剑桥的学习过程中逐步完善了自己的发现。1935年皇家天文学会的会议如期举行,在这次会议上,年仅 24 岁的钱德拉塞卡终于得到了宣读自己论文的机会。

爱丁顿是当时天体物理学界的权威。当钱德拉塞卡在会上宣读完自己的论文后，爱丁顿走上讲台，他当着众人的面把钱德拉塞卡的讲稿撕成两半，告诉他："你的理论全盘皆错"，原因是这个理论得出了一个"非常古怪的结论"。全场顿时爆发出笑声。会议主席也没有给这位年轻人答辩的机会。

就这样钱德拉塞卡与爱丁顿的争论持续了好些年，在这些年里没有一个权威科学家愿意站出来支持钱德拉塞卡。最后，钱德拉塞卡终于决定放弃这个研究课题。1937年钱德拉塞卡来到芝加哥大学，在这里他把自己的理论写进了一本书里，此后再也没有理会这个理论。

时光荏苒，30年后，这个后来被称为"钱德拉塞卡极限"的发现最终得到了天体物理学界的公认。又过了20年，钱德拉塞卡登上了诺贝尔奖的领奖台。1983年，当他从瑞典国王手中接过诺贝尔奖章时，已是两鬓斑白的老人。

钱德拉塞卡每天至少工作12个小时，每周工作7天，用了10年左右的时间，得到了"某种见解"以后才罢休。也就是说，他的研究直到宇宙的某一个方面已经完全简约到一组方程时才罢休。然后，他将自己的研究结果写成一本书，至此就不再关注这一领域，接下来他去研究天体物理学中另一个完全不同的课题，进入下一轮的研究。值得我们称奇的是，他直到60多岁，仍能定期把精力转向以前从未涉足的新领域。

钱德拉塞卡的一生是孤独和寂寞的。他远离故土只身在国外，研究不被人们认可，甚至还因肤色问题遭受别人的歧视，尽管这样他并不在意，他始终如一地用优雅默默回应一切。1999年，一架以"钱德拉塞卡"命名的天文望远镜升空。

在20世纪40年代中后期，钱德拉塞卡每星期从叶凯士天文台亲自驾车数百英里到芝加哥大学为只有两名学生的班级上课。1957年的诺贝尔物理学奖的获得者就是这个班级仅有的两名学生,他们就是杨振宁和李政道。

读了上面的故事之后不知道大家有没有意识到,其实感动智慧最后一个特征的最高境界就是,只有崇高的愿景而没有世俗的目标,或者是把目标和愿景合二为一,它们没有彼此,都无比崇高、伟大。

就像钱德拉塞卡,最初他的研究并不是为了诺贝尔奖或者其他什么"目标",在他的心里只是单纯地想着要解决这个未知的问题而别无他求,甚至我们看不出他的"崇高愿景"。一切都是那么的自然和朴素,他只管辛勤地付出,但是最终,他却取得了多么伟大的成果,并最终站上了科学的最高领奖台。

如果当年钱德拉塞卡就自己多年的付出而得到的结论争执下去,那么还会有今天如此成就的钱德拉塞卡存在吗?!

钱德拉塞卡的境界不得不令我们佩服!

这样说来,索取相应回报是不是就一定很不道德呢?比如那些在工厂干活的工人们?比如劳动薪酬?

从"付出了,理应得到相应回报"的角度看,这种做法并没有什么不对,于是,就有很多人"理直气壮"地去"索要"。

你因此得到了相应的"报酬",但只是对方对你付出的一种"了结"罢了,这时候就变成了一种"按质论价"的"结算"。

正所谓是你干多少就给你多少呗!

你也许有些不服气:"我付出了那么多,难道就不该拿那么多吗?"

肯定是应该的。问题是,这样就会变成一种交换或交易。

我的意思是说,或许,你可以得到更多,但并不一定是金钱。

你对付出的"索取",让别人对你的真诚产生了疑问:

"他(她)是真的认可这个企业才来这里发展的吗,还是只想多挣几

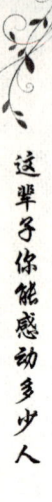

个钱而已？"

从感商ＴＱ本身的角度看，这样的想法也不见得高尚到哪儿去。

感商ＴＱ恰恰是提倡每个人都应该从自我做起，努力去修炼这三大原则，却绝对反对以同样的眼光去要求别人。

如果没有赢得对方的"心"，很有可能得不到对方"真心的回报"，这里面包括的不只是金钱，还有友情、尊重，甚至是更大的发展机会。而后者，也许远远大于单纯的"付出对价"。

所以，不管是吃亏还是在享福，我们应该学着把这结果抛诸脑后，真诚付出的同时不索取回报。你这样的付出相信总有一天会被人发现并得到认可。

我们要向钱德拉塞卡一样，只管用心去做就好。

我们要切记，急功近利的最大危害，就是只想着眼前利益而不放眼未来。

感商ＴＱ特别强调"崇高的愿景"，比如，我们把愿景设定为"让自己幸福、快乐"，即便是这样的前提，很多人还是难以实现，因为他们为一时之快而放弃了一世的幸福。

就像是生活中的某些人因为某种欲望一时难以达成，就不愿意再去继续努力，一定要以身试法，期望通过种种不合法的"快速"手段来满足自己，最终把自己送进了监狱。

那么正确的做法就是感商所倡导的，用"真诚、付出、不索回报"去"慢慢地、自然地"赢得你的最终目标。

这个时候的你其实已经开始了人生修炼，在这时，你的愿景也变得崇高了起来。因为你懂得，害人就会害己，周围的人如果不幸福不快乐了，你也不会幸福快乐到哪儿去。

别人在幸福快乐的时候，你不一定能感觉到幸福快乐；但是，如果别

第三章 奇迹总是青睐那些肯于付出的人

人的幸福快乐是因为你的付出而给予的，你应该也会感到无比的欣慰和自豪，因为你证明了自己存在的价值，你的种种行为得到了人们的认可和赞许，你因此受到了尊重。

所以我们可以这么说，施比受更快乐！

孟尝君是齐国的著名相国。有一次一个叫冯谖的食客到薛城去收债，临行前，冯谖问孟尝君："我回来的时候给您带些什么东西呢？"孟尝君说："你自己看着办吧，我家缺什么就买什么回来吧。"

冯谖到了薛城后，把欠债的百姓召集到一起，核对完他们的债券之后，假借孟尝君之命，把全部债息赐给百姓，并当场烧毁了那些无力偿还者的债券。

冯谖回来后把这一消息告诉了孟尝君，孟尝君听说后很生气，冯谖解释说："我觉得您这里吃的用的穿的什么都不缺，唯一缺少的就是老百姓的情义，所以我就把情义买回来了。"孟尝君听后也拿他没有办法。

不久，孟尝君被免去相国职位，便带着冯谖回到自己的封地——薛城。令孟尝君备感意外的是薛城老百姓知道他的到来后，扶老携幼，置酒备饭，奔波至百里之外迎接他。

孟尝君这才恍然大悟说："你过去给我买的情义，我今天终于看到了。"

正所谓危难之时见真情。孟尝君就是靠着冯谖当年给他积累的这份"真情"才得到了今天的礼遇。

其实在很多宗教里也都提倡这样一种境界。大家都知道"吃亏是福"这句话，可有多少人知道，这"亏"是如何变成"福"的？

在佛学中，你为别人的付出都是你的"功德"，比如布施、援手、放生等。很多信佛的老人也常说"积德"二字，你"吃了亏"就有人因此而"得利"，久而久之你的"亏"就都积成了"功德"，"功德"是因，"福报"是果，有因才有果，有果必有因，这就是所谓的因果报应啊！

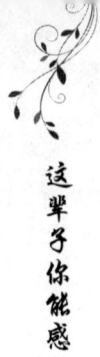

简单地说就是你付出得越多,功德就积累得越多,得到的福报自然也就越多。

不回报,你再怎么索取也没用,那只能说明你"积"得还不多,还不够。

俗话说得好,"是你的跑不掉,不是你的得不到"。

感商ＴＱ所提倡的,就是先做人后做事,做事也就是在做人。如果你以崇高的愿景为前提和方向的话,并且可以不顾个人得失努力下去,或许有一天你会惊喜地发现,那些你一直梦寐以求的东西已经在不知不觉中渐渐向你靠拢过来。

感商不就是提倡"真诚、付出、不索回报"地去等待那自然而然到来的回报吗?

第五节　舍得:人生中最难的事

有一个误入了骄阳似火、茫茫无边沙漠的人,他饥渴难忍,死亡的气息在一点点向他靠近。他在沙漠中艰难跋涉,终于发现了一个吸水机。他迫不及待地使劲地抽水,可是却没有出来一点水,正当他心灰意冷、懊丧不已的时候,却发现旁边还有一个水壶,壶上盖着塞。他拿起水壶时发现了压在下面的一张纸条,上面写道:"由于时间长久,水壶里或许只剩下半壶水了。你必须先舍得把这半壶水灌进吸水机中才能打出满壶水来。切忌,在你离开之前一定要把水壶灌满。"他拔开塞子,果然看到半壶清水。望着水,他开始犹豫起来,是把这些水马上喝掉呢,还是照纸上所写的倒进吸水机?假如倒进吸水机后仍然打不出水,那自己岂不是要死在这里?

最终，他还是照字条上所讲把水倒进了吸水机，果然打出了清凉的泉水……

临走前，他把水壶装满水，盖上塞子，然后在纸条上补充了一些话："请相信我，纸条上说的是真的，你只有先舍得半壶水，才能打出满壶的水来。"

得到其实很简单，放弃才是人生中最难的事！

据说某地猎手抓捕猴子的绝招是，在一个洞口只能容猴子手臂伸入的洞穴里，把它们喜欢的香蕉放进去，然后等待猴子们过来取食，当猴子们伸手进去抓住香蕉正准备抽出手来之时，你就可以上前抓住猴子了。

原因其实很简单，猴子抓住香蕉不肯松手，手就抽不出洞口，猴子不愿舍弃现在的利益换得逃生的机会，于是，只能被人们抓住。

在汶川地震救援中，我们也看到了有人等不到救援队伍的到来，为了自救，硬生生扯掉自己被压住不得动弹的小腿后，自行爬出来从而获救。

这样做虽然很残忍，但生命是其他一切的基础。后来据专家分析，根据当时救援的速度和搜索的范围，如果这个人舍不得那半条腿则必死无疑。

2008年年初，在国际、国内经济状况普遍不好的时候，有一家南方的企业因为出口锐减而陷入困境，老板本打算开发国内市场重整旗鼓，想到职工们由于订单的减少拿不到计件工资的时候，毅然把准备投入新市场开发的预算资金，全部发给大家解决生活问题。

当职工们知道真相后，被老板的真诚付出所感动，他们继续工作，不要这次的额外补助不说，有的宽裕些的职工自愿提出缓领几个月工资。当一批批同行倒下的时候，他们却因同心协力渡过了难关。

舍得，舍得，不舍哪有得？

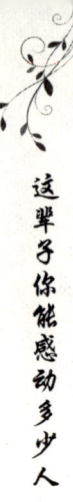

第六节 奇迹总是青睐那些肯于付出的人

上过战场的老兵都知道这样一个常识,当听到炮弹呼啸而来的声音时,唯一能做的就是就地卧倒。可就在这个时候,有位正在挖战壕的军官看到离他几米远处,有一个小战士还傻傻地站在那儿。他一个箭步飞身冲过去将小战士紧紧地压在了身下。一声巨响之后,他俩都平安无事,当那军官回头找他的铁锹准备继续挖战壕时,顿时目瞪口呆,因为他自己刚才所处的那个位置被炸成了一个大坑,而那把铁锹早已被炮弹炸成了碎片。

无论是巧合也好,还是这军官不顾生死、舍己为人的行为感动了上帝,总之,奇迹的发生就是在你真诚的付出之后。

我们知道,如果我们的付出出于真诚就不会是为期待回报,可我们也知道:

有了付出,就有被回报的可能;

没有付出,就没有被回报的基础。

有多少不成功的人把责任推给自身的"运气",感叹上帝的不公平,没有把好运气降临到他们身上,于是,就开始相信宿命,自暴自弃。

有一天上帝召集了所有的动物聚餐。饭后,上帝从衣服里取出了一双翅膀对大家说:"我有一样东西想要赐给各位,如果你们谁喜欢这件礼物,就可以把它拾起来放在自己的背上。"

动物们一听到上帝要赠送礼物,都争先恐后地挤到了上帝的面前。可是当它们看到放在地上的翅膀时,都站在原地互望着。因为它们不知道这东西对自己有什么用，这么一想大家就忽略了上帝的好意，这时它们会想，把这么笨重的大东西放在背上，累死不偿命！于是，它们都回到了自己原来的座位上。

最后，一只小鸟走过来，看到地上的翅膀，心想，上帝一定不会亏待动物们，这个看起来笨重的东西，或许是上帝的一种恩赐。

于是，小鸟就把地上的翅膀捡起来，放在了背上。过一会儿，小鸟轻轻地试着挥动翅膀，并没有感到沉重，反而轻盈地飞上了天。

其他动物见状，后悔不已。

你如果只想着自己的得失，怕自己上当吃亏，瞻前顾后，迟迟不肯"出手"，很多时候，机会也好奇迹也罢，都会偷偷溜走的。

俗话说"只有自己能够救自己"，这句话的真正意思是什么呢？它的含义，并不是让你自顾自，一心只管为自己。在我研习了很多宗教后发现，它们很多教人积极向善的教义中都表述，你的"命"是你自己"修"来的，你首先得肯付出，再不断继续努力，上天才会公正地回报于你。

你付出多少就会收获多少，正所谓"好人有好报"。

《士兵突击》里许三多的名言"不抛弃，不放弃！"我对这句话的理解是，不论你碰到怎样复杂的人和多么困难的事，你都应该努力地去帮助他和克服它，在取得圆满结局之前绝不动摇和懈怠。

余世维是著名的培训导师，在他的经典课程《管理者常犯的十个毛病》中谈到了很有名的德国贝尔公司。

有一次某公司主管向他抱怨说：余先生，你看看外面那些可爱的中国干部们，他们都是名牌大学毕业的。但是，他们讲话永远是一句，做事从来都不彻底。比如，我们公司材料部的去领材料，问："有没有S1304的材料啊？""没有！"你们中国人讲话就是一句：没有。然后就没有下文了，就表示他的职责履行就此结束、到此为止了。

那主管说，我们觉得应该这样处理是正确的，当有人问道："有没有S1304的材料啊？"你应该回答："目前库房里已经没有了，但有两个可以作为替代品使用，分别是1301和1302你要不要？不要吗？非得1304啊！那么现在这里没有库存，但是别的城市有1304可以吗？如果你需要这个货，我就马上调拨，大约在下个礼拜就可以到了。如果非要这个礼拜，我尽量满足你，不知道礼拜六可不可以把货拿到，您看这样行不行？"

我们时常抱怨进不了这些大公司，或进去后没有提升的机会，我们有没有从自己身上找原因，有没有想到过是自己做事不真诚、付出不彻底的问题？！

付出，不光是"去做了"，而且还要"做得好"。

第四章

常常感恩，时时收获慰藉和幸福

第一节　感谢生活的所有赠与

人类的生命是相互依存的，每一样东西都依赖着其他东西。不管是父母的养育、师长的教育、配偶的关爱、他人的服务，人自打有了生命开始，就沉浸在恩惠的海洋里，如果你明白了这个道理，就会怀着一颗感恩的心去感知这个世界。

并不是谁帮助了你、关怀着你才要感恩。感恩是无处不在的，感恩是一种心态，同时也是一种境界。我们对恩人感恩是无可厚非的，但是在生活中不仅恩人才值得我们去感恩。生活中处处存在着感恩的情结，比如父母的恩情、朋友的情谊、恋人的爱情、大自然的一花一草、生活中的挫折和境遇、自己的追求和信仰……都需要我们用感恩的心态去感知和对待。人的一生往往纠缠着很多事情，亲情、友情、爱情、成功、得失、荣辱、进退……总有一些会让你欢愉，而总有一些会带给你苦痛，要知道苦乐酸甜才是真正的人生。唯有常常感恩，才能时时收获慰藉和幸福。

感恩是生活中的大智慧，也是一种处世哲学。一个智慧的人，不会为自己没有的斤斤计较，也不会一味索取和使自己的私欲膨胀。每天怀有感恩地说声"谢谢"，不仅仅能使自己有积极的想法，也会让别人感到快乐。在别人需要帮助时，伸出你的援助之手；而当自己得到别人的帮助时，以真诚微笑表达感谢；当你悲伤时，有人会抽出时间来安慰你，等等，这些小小的细节都表现出一颗感恩的心。

俗话说,滴水之恩当涌泉相报,在生活中我们即使做不到涌泉相报,滴水相报总是人之常情。其实善待他人就是善待自己。为他人尽力,就是为自己尽力;不帮助别人的人,也不会得到他人的帮助。应能帮人处且帮人,得饶人处且饶人。

马祖道一禅师派侍者送给自己的弟子百丈禅师三坛酱。百丈禅师收到三坛酱后,立刻鸣钟集合所有的人,拿起拄杖子指着酱坛,对众人说道:"这是师傅让人送来的盐酱,你们如果能说出个什么来就不打破这三坛酱,否则就打破!"

大家你看看我我看看你,无人回答。百丈禅师见众人无话,便用拄杖子把三坛酱缸都打破了。

侍者回到马祖道一禅师那里,马祖道一禅师问道:"你把酱送到了吗?"

侍者答道:"送到了。"

马祖道一禅师再问道:"百丈收到我的盐酱以后,有什么表示吗?说什么了没有?"

侍者回答道:"百丈禅师收到盐酱后,就集合众人上堂,对弟子们说,谁能说出个什么来就不打破,因为最终无人开口,百丈禅师就用拄杖子把酱缸都打破了。"

马祖道一禅师听后,哈哈大笑,说道:"这小子不错!"

后来,马祖道一禅师捎口信给百丈禅师,让他将修行的近况经常写信回来报告。百丈禅师在回信上说道:"师傅!谢谢您的关心,自从将酱缸打破以后,30年来,弟子从来不曾缺少过盐酱。"

马祖道一禅师看后非常满意,写下了8个字送给百丈禅师,这8个字是"既不缺少,分些给人"。后来马祖创了丛林,百丈就立了清规,从此禅林繁衍不绝。

"既不缺少,分些给人",马祖道一的意思是说,既然你已经知道感谢

第四章
常常感恩，时时收获慰藉和幸福

为师的恩德，就不必对后世有所保留，要把我的禅心代代传下去。这种"既不缺少，分些给人"的心境就是感恩的胸怀。我们不能忘本，更不能忘了自己何以生、何以乐、何以福。做人的根本和正道就是饮水思源。

感恩是我们与生俱来的本性，是一个人不可磨灭的良知，也是现代社会那些成功人士健康性格的表现。试想一个连感恩都不懂的人，一定是拥有一颗冷酷绝情的心，也一定不会成为一个对社会有贡献的人。感恩，是一种对恩惠时刻心存感激的表示，是我们不忘他人恩情的萦绕心间的一种情感。学会感恩，是为了擦亮我们的心灵而不致麻木；学会感恩，是为了将无以为报的点滴付出永铭于心。

一头吃饱喝足的大象正在睡觉。突然，它感到身上奇痒无比，好像有什么东西在它的躯体上行走。大象从美梦中惊醒，睁开惺忪的眼睛，它看见一只老鼠惊慌地从身上窜过，不禁怒火中烧，大吼一声，伸出长鼻子就要打死小老鼠。

老鼠不停地颤抖着并哀求道："大象先生，求您饶了我吧！我真的不是故意的，总有一天我会报答您的大恩大德的！"

大象听了老鼠的话，大笑起来，对老鼠吼道："那我就暂且饶你一命。你要记住这次教训，尽管你是永远不可能帮助我的！"

老鼠谢过大象后，一溜烟地逃走了。

过了好长时间，大象早就把老鼠的事忘得差不多了，确切地说，它压根儿没把这事放在心上。

一天，大象不慎被猎人们抓住了。猎人们用粗绳子把大象的四只脚紧紧绑住，但是大象实在太重了，光靠几个人根本抬不动它。于是，他们返回村去叫人来帮忙，这一幕恰巧被四处觅食的老鼠看到了，于是，它决定救大象。"我曾经答应过您，我会报答您的。"老鼠对大象说，"我现在就履行我的诺言，让你重获自由。"

"你能救得了我?"大象诧异地问,"这不可能吧?"

"你就等着瞧吧!"老鼠回答。

说罢,老鼠开始用它的利齿啃咬捆着大象的粗绳。最终,绳子一根一根被老鼠咬断了。

大象获救了。

"真的太感谢您了!"大象激动地对老鼠说。

"我说过,我会报答您的,我现在已经履行了自己的诺言。"老鼠平静地说道,"想当初,您还嘲笑我,在您眼中,一只弱小的老鼠不可能帮助您。但事实证明,我做到了。"

大象万万没有想到,它的一次无心善举,竟使自己逃脱了一次灭顶之灾。你对我有情,我就会对你有义,聪明的人都会多做善举。事实上在生活中,谁都有需要帮助的时候,无论它看起来是多么的强大。

土地失去水分的滋润就会变成沙漠,就像人心没有感激的滋养就会变得荒芜。不知感恩的人,一定是个冷漠自私的人。知恩图报是一个人应有的品德,人们都应该信守自己的诺言,对于在危急时刻给予我们的帮助的人,我们更应该加倍地报答和偿还。这是做人的本分,也是人格修养。

凡事感恩:好也感谢——理所当然;坏也感谢——明心亮眼;顺也感谢——阳光是美丽的;逆也感谢——阳光总在风雨后。请不要拒绝困难与挫折,在古希腊语中,苦难意为"上帝授予之物",接纳后才有惊喜。

第四章
常常感恩，时时收获慰藉和幸福

第二节　懂得感恩的人，是天底下最富有的人

感恩是一种责任。感恩，表明一个人对自己与他人和社会的关系有着正确的认识；学会感恩，就是在这种正确认识之下产生的一种责任感。只有学会感恩，人们对许多事情才可以平心静气；学会感恩，让人们可以从小事做起；学会感恩，人们可以做到严于律己，宽以待人；学会感恩，让我们正视错误，相互帮助；学会感恩，人们将不再孤独。

感恩不仅是一种生活态度，也是一种品德。感恩可以消除内心的积怨，可以涤荡世间一切尘埃。感恩是一种做人的原则，学会了感恩，每个人都会拥有快乐和一生的幸福。

感恩绊倒你的人，因为他们使你的意志得到强化。现代社会是个竞争的社会，而只要有竞争的存在就免不了尔虞我诈，有多少人为了自己的目的，不择手段地在你前进道路上设置各种障碍。当我们遭遇这些障碍时，请不要放弃，要勇敢面对。只要你坚持到底，阳光就会出现。压力就是动力，这种越挫越勇的精神在无形中就会强化你的意志力。所以，请记得感恩。

感恩遗弃你的人，因为是他们教会了你独立。一个人在人生的路上难免要经历自我独立。因为我们的亲人是不可能一生陪伴在你身边的。俗话说，花无百日在深山，人无百年在世间。当我们的亲人在某一天因为某些原因放弃了自己，我们要懂得感恩，感恩他们永远不求回报的付出，感恩他们的及早放手。不是有一种爱叫放手嘛，正是因为他们的放手我们才学

会了独立。

感恩训斥你的人,是他们让你学会了思考。在人与人之间的相处过程中,有欣赏就有训斥。当我们遭遇斥责请不要恼羞成怒。试着换位思考,自己反省。这样在今后的人际交往中,你就会以此为戒,有则改之,无则加勉。

感恩伤害你的人,因为正是他们磨砺了你的心志。一个人在人生的过程中,总会受到各种各样的伤害。人生不可能永远一帆风顺,当你的真诚换不回回报的时候,不要怨天尤人。你不妨对自己说,每一次伤害都是对你人生的洗礼,每一次伤害都是一种新生活的开始。我们把痛楚化作前进的动力,坚信终有一天你会破蛹成蝶。

感恩欺骗你的人,因为你的阅历很大一部分都是靠他们增长的。无处不在的欺骗,无论怎么小心难免也会受到欺骗。所谓吃一堑长一智,害人之心不可有,防人之心不可无。所以,请感恩欺骗你的人,正是有了他们的欺骗,才让我们无形中增长了社会阅历。

感恩在困境中向你伸出援手的人,是他们让你坚定了信念。感恩在顺境中忠言提醒你的人,正是他们帮你校正了前进的航向。感恩诬蔑你的人,是他们让你明白了正人先正己的道理。

只有小草心存对阳光风雨的感恩,在一岁一枯荣之后才又萌发新绿;有了雄鹰对蓝天白云的感恩,才有了在清寒玉宇中的展翅高飞;有了溪水对巍峨高山的感恩,才会有山涧低吟下泻的景观;有了泥土对广袤大地的感恩,才有了田野里散发的沁人芬芳。生活在感恩的世界里的我们,感恩生命的伟大,感恩生活的美好;感恩父母的教导和抚养,感恩老师的谆谆教诲。我们感恩大自然赋予生命的一切恩泽。

一只小蚂蚁在河边喝水的时候,不慎掉了下去。它拼尽全力想靠近岸边,但没过多久就游不动了,小蚂蚁绝望地挣扎着。这时,在河边觅食的

第四章
常常感恩，时时收获慰藉和幸福

一只大鸟看到了这一幕，它十分同情小蚂蚁的遭遇，于是衔起一根小树枝扔到它旁边，最后小蚂蚁挣扎爬上树枝，终于脱险回到岸上。

当小蚂蚁在河边草地上晒太阳的时侯，它听到了一个人的脚步声。这时一个猎人轻轻地走过来，手里端着枪，准备捕获那只大鸟。小蚂蚁立刻爬上猎人的脚趾，钻进他的裤管，就在猎人将要扣动扳机的那一刻，小蚂蚁咬了他一口。猎人一分神，子弹就打偏了。枪声惊动了大鸟，它飞走了。

尽管蚂蚁比大鸟弱小得多，但小蚂蚁却用自己的力量帮助大鸟躲过一次杀身之祸。

动物是这样，更何况我们人呢？在我们生活、工作、学习中都会遇到别人的帮助和关心，也许你不能一一回报，但是要学会感恩。

如果你想表达对别人或生活的感恩，你可以试着做到下面几条：

1. 养成感恩的习惯

对生活的每一天怀有感恩。不需要感恩特定的某人，因为你可以感谢生活！因为今天又是新的一天。

2. 不索取回报的小小善意

不能为了私利去做好事，也不要因为善小而不去做这件事。行动强于话语，说声"谢谢"不如做一件小小善事来回报他。

3. 一份小小的礼物

不需要多么昂贵的礼物，小小的礼物也足够表达你的感恩了。所谓礼轻情意重就是这个道理。

4. 公开地感谢别人

在一个公开地方表达你对某些人的感谢，例如在办公室里、在与朋友和家人交谈时、在博客上等。

5. 给他们意外惊喜

小小的惊喜可以使事情变得很不同寻常。

6. 对不幸也心怀感激

即使生活误解了你，使你遭遇挫折与打击，你也要心怀感恩。感恩并不是要你去感恩这些伤心的遭遇，而是去感恩那些一直陪在你身边的亲人、朋友；你还有工作、家庭；生活依然给予你的健康和积极的心态，等等。

感恩是一种动力，也是一种良知。人有了感恩之情，生命就会得到滋润，并闪烁着纯净的光芒。永远怀有感恩之心，经常表达你的感激之情，人生就会充实而快乐。一个懂得感恩并知恩图报的人，才是天底下最富有的人。

第三节　助人越多，别人越感激你

大文豪雨果曾说："做一个圣人，那是特殊情形；做一个喜欢助人的人，那却是为人的正轨。"中国也有类似的一句话："小才不知有缘，不懂用缘；中才知有缘，但不善用缘；只有大才，知缘而且善用缘。"这句话生动地告诉我们助人是多么的重要，正是有人缘才会有财缘。不论什么事情的发生，都会有必然的原因。有因才有果。

谚语说："送人玫瑰，手有余香。"刘安说："积爱成福，积怨成祸。"《论语》说："君子成人之美，不成人之恶。"能给人快乐的人，自己也会获得快乐。也许你会说你没有万贯家私，也没有手握重权，没有足够的实力帮助别人，但其实不然，也许你的一个小小的微笑，一句小小的赞扬，一次小小的帮助，就会改变别人的命运。

第四章
常常感恩，时时收获慰藉和幸福

我们的世界太需要温暖。不要小看对失意者随口说一句温馨的话语，对跌倒者伸出扶助的双手，对无望者一个真诚的话语，你自己或许什么都没失去，而对一个需要帮助的人来说，也许得到的就是醒悟、支持、宽慰。为他人尽力的同时，也是为自己尽力；不帮助他人的人，不能得到别人的帮助。助人越多，别人越感激你，人生就越有价值。

助人是一种高尚的行为，这好比是阳光一样，无私地普照着大地，让每一个受助者能感受到阳光的灿烂；助人是"此处无声胜有声"的，它播撒着美好的种子，让其在每一个受助者的心中开花。

一位行善的基督徒，在临终后想看看天堂和地狱是什么差别。于是，他请求天使在把他带到天堂之前，先带他去地狱看看。

天使答应了，把他带到地狱。在地狱里，他看见一桌丰盛的晚餐，鸡、鸭、鱼、肉应有尽有。他十分奇怪地问天使："原来地狱的生活也很好嘛，难道生前作恶的人不用受苦吗？"天使说："上帝是爱我们所有人的，他不会主动惩罚每一个人。人们之所以会受到惩罚，都是他们自己犯的错。"基督徒听后还是摇了摇头表示不太理解。

地狱的晚餐开始了。只见一群枯瘦如柴的饿鬼疯抢着来到座位上，他们每个人手里拿着一双十几尺长的筷子，都在努力用这双长筷子夹到美味的食物，但是筷子太长了，不管他们怎么努力，最终还是无法把夹到的食物放到自己的嘴里。

基督徒看着他们，似乎明白了什么。这时天使对他说："他们每个人都能夹到食物，可惜却吃不到，我再带你去天堂看看吧。"

于是他们一起来到天堂。在天堂里他同样看到一桌丰盛的晚餐，每道菜都和地狱里的是一样的。每个人用的筷子也和地狱里的一样长，不同的是，他们每个人都把夹到的食物喂给别人吃，而自己也可以一直品尝到别人喂过来的食物。他们每个人吃得都很愉快。

天使说："这就是天堂与地狱的不同：不愿意帮助别人的人，就生活在地狱里；助人为乐的人，就生活在天堂里。"

在生活中，我们总会有需要别人帮助的时候。同样，身边的人也需要我们的帮助。大家只有互相帮助，才能生活得更美好、更快乐。

石油大王洛克菲勒有这样一句名言："当蔷薇含苞欲放时，只有剪除四周的枝叶，才能在日后一枝独秀，绽放成艳丽的花朵。"事实证明他也是这么做的。洛克菲勒靠垄断手法积敛了大量财富，成立了一个跨国公司。但美国人都不喜欢他甚至恨他，称他是刽子手。一天他遇见了一位牧师，牧师对他说："你觉得人生真正的幸福快乐是什么？你用尽心血将企业办得这么大，但美国人不领你的情还恨你，你这样生活有意义吗？"洛克菲勒听后改变了自己的价值观，认为帮助别人才是最大的快乐，后来他提前退休，开始把精力放在慈善事业上，后来成为美国最大的慈善家。

被别人需要，可以体现出一个人的价值。在某些特定情况下，一个人如果不被别人需要，生存也就失去了意义。老子说："尽力照顾别人，我自己就更加充实；尽力给予别人，我自己就更加丰富。"正所谓是穷则独善其身，达则兼济天下。自然的规律是，盈满多余的地方就会自然减少，而欠缺不足的地方会自然增加，就像月亮一样。所以，聪明的圣人认识到：当自己满足的时候，不去炫耀；自己多余的时候，就把多余的东西补给那些欠缺的人。降低了自己，别人也就得到了好处，那么你与别人的关系就可增进，就不会产生什么矛盾。所以，领先于别人的人没有必要得意。多给别人一些帮助，使他人感受到真诚的平等，会得到他人永远的感谢。

多少年之前，苏格兰有一个穷苦的农民叫弗莱明。有一天，他在深水沟里救起了一个孩子。第二天，弗莱明家门口来了一辆豪华马车，从马车上走下一位绅士。对弗莱明说："我是昨天你救的那个孩子的父亲，我今天专门过来向你表示感谢。"弗莱明回答："我不能因为救了你的孩子就接受报酬。"

正在两人说话的时候，弗莱明的儿子从外面回来了。绅士问道："他是你的儿子吗？"农民很自豪地回答："是。"绅士说："那么我们订立一个协议吧，我把你的儿子带走，让他接受最好的教育，如果这个孩子像你一样真诚的话，那他将来一定会成为让你自豪的人。"弗莱明答应了并签下这个协议。数年后，弗莱明的儿子从圣玛利亚医学院毕业，发明了抗菌药物盘尼西林，成为天下闻名的亚历山大爵士。

有一年，这个绅士的儿子，也就是被弗莱明救过的那个孩子染上了肺炎，是盘尼西林把他从死亡的边缘拉了回来。那个气质高雅的绅士是第二次世界大战前英国上议院议员老丘吉尔，而他的儿子就是第二次世界大战时期英国首相丘吉尔。

富兰克林有这样一句名言："一个人种下什么，就会收获什么。我们如果真诚地待人，别人也会真诚地对待我们。"正是因为弗莱明的真诚才有自己儿子成才的机会。老丘吉尔也是因为真诚最终挽救了自己儿子的生命，并使之成为20世纪影响人类历史进程的政治家。

孔子说："以富贵而天下，何人不尊；以富贵而爱人，何人不亲。"意思是说，以我的富而能富他人的人，想贫穷也不可能了；以我的贵而能贵他人的人，想贱也不可能了；这就是古人所说的"有德于人不可不忘，受到他人的恩惠千万不能忘记"的道理。简单来说就是他人有恩于我，不能忘记；我有恩于人，虽是救死之恩也不能企望报答。

"好风凭借力，送我上青天"。帮助别人，就是在为自己以后储蓄。真心助人，赠人玫瑰，手有余香，其回报不言而喻。

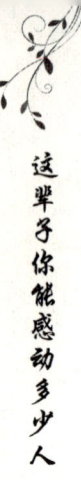

第四节　滴水之恩，涌泉相报

14年前，美国人乔治为妻子的怪病几乎跑遍了全世界，却还是没有治愈。一次他听说中国的中医专治疑难杂症，于是便带着妻子远渡重洋来到中国看病。乔治为妻子看病，几乎花光了全部的资产，但既然来到中国，总得请一个翻译。那时正值暑假，乔治通过关系在北京外国语学院请了学生赵小宁来当翻译。

赵小宁来自宁夏地区，是一名贫困生。由于母亲多年病重，他急于找个差事能挣点钱。可不曾想，乔治却因为没有钱，他把雇用赵小宁的费用压得非常的低，可是对于贫困中的赵小宁来说挣一分钱都是好的，于是他接受了这份有些委屈的差事。

乔治带着病重的妻子在奔波，每天都很辛苦。赵小宁不但要为他们做翻译，还要替他们挂号、拿药、排队等做一切琐碎的事。乔治不但雇了一个廉价的翻译，还雇了一个勤杂工，真是一举两得的事情。

人们都说美国人有钱，但作为美国人的乔治却没有给赵小宁这个印象，出门如果不是特别需要，乔治都会乘坐公共汽车。不久之后，赵小宁就看出，这个美国人其实没有钱。对此，乔治也很不好意思。

没想到，赵小宁刚刚给乔治和他妻子做了几天翻译，一位同学便带着一个外国人来找他，原来一个加拿大公司来北京谈生意，由于临时谈判项目增多，急需两名翻译，报酬非常丰厚，同学让赵小宁赶紧辞掉乔治的事。

乔治通过他们的对话，大致知道了事情的经过，他只希望赵小宁在离

第四章
常常感恩，时时收获慰藉和幸福

开之前，能再找一名中国翻译，哪怕只是会最简单的交谈也行。

赵小宁看着乔治，又看看他病重的妻子，半天都没有说话。最后，赵小宁还是回绝了同学和加拿大人的请求，他说他现在已经熟悉了乔治妻子的病情，如果这时候换人的话，在与大夫的交流中，对乔治妻子的病是不利的。乔治强忍住眼里的泪花，什么也没有说。

暑假过后，赵小宁回到学校继续上课，乔治和他的妻子也离开了中国。第二年，乔治的妻子还是离开了人世。于是，乔治重新去经营他几乎倒闭的企业。

3年过后，赵小宁面临着大学毕业，开始了整日奔波于找工作的艰辛中，两个月过去，可是班上的同学只有1/3的人工作有了着落。赵小宁与没有去处的同学惶惶不可终日，两眼茫然。就在这时，乔治先生给他寄来一封信。他说是赵小宁的善良与为人打动了他，这几年来他一直念念不忘。如今他的公司很快就要到中国办厂，需要一名中国方面的代理人，问赵小宁是否愿意与他合作，报酬是每月8万美元。

赵小宁万万没有想到，在他最困难的时候，会从大洋彼岸的美国飞来如此的幸运请求，这也算得上是人生红运了。

而这美好的一切，仅仅是因为几年前，他做了一点与人为善的事，只是付出了一点小小的牺牲，但上帝却为他带来了如此大的福音，真可谓是滴水之恩，涌泉之报。

这里是否有因缘因果，没有人能破晓。但就是因为这个，上苍却让他获得了如此大的回报。

读到这里但愿大家能对感商ＴＱ所讲的那种"自然的"、"不索自来"有更深的理解和感悟。

哲学上讲，质变由量变而来，外因靠内因起作用。

有些人不提高内在修为而刻意去"经营"，最终会落得一场空；而那

些本分的善良和真诚的付出却会获得意想不到的收获。

说到底，一切的修为都会汇集到感商ＴＱ的修炼上来，其本质就是提高做人的本分。

第五节　怀着感恩的心工作，敬业乐群

做一个说话算数的人；做一个支持者而不是一个吹毛求疵的人；做一个推动者而不是一个抱怨的人；做一个马达而不是一个障碍……只有先呈现良好的服务，才会得到相应的报酬；以诚信换取成功；视工作为机遇，以快乐的心情投入工作中，来换取最大的收获，而不是视之为难以忍受的苦差事……我们在工作的同时也别忘了愉悦身心，以最高的效率取得结果。这就是感恩的快乐！也是感恩的工作状态！

一个人在工作中，不可能永远一帆风顺，也不会一路坦途，有时候难免会遇到困难和挫折，而看待和处理方式不同，就会有不同的感觉。若你把工作当成负担的话，面对困难和挫折，只会充满抱怨和牢骚；如果把工作当成一种恩典的话，困难和挫折在你的眼中也有别样的收获。

怀着感恩的心去工作，就会更在意自己的工作，同时也会更在意自己的老板和同事等。我们可以看到，懂得感恩的人，总是更加主动积极、敬业乐群，总能受到老板和同事更多的欢迎。

感激老板给了你这份工作，使你有了谋生的机会，有了养活自己的能力；感激老板给了你这个岗位，使你远离了"待岗""下岗"的局面；感激身边的同事，他们给了你一个良好的职场环境，给了你工作上的支持、帮助和配合。你要知道，一个人不管有再大的本事，如果没有身边的人的

配合，工作也很难开展。

有一位成功的职业人士这样说过："是一种感恩的心情改变了我的人生。当我清楚地意识到我在学历以及待遇上比别人都低时，我没有任何的权利去抱怨什么。相反，我对所有的一切都怀抱感恩之情。我要尽力回报别人，我真诚地想让他们快乐。结果，我不仅工作得更加愉快，所获帮助也更多，工作也更出色。结果我很快获得了公司加薪升职的机会。"

因此，在职场中无论做任何事，都要把自己的心态放平，抱着学习和感恩的态度，不要计较一时的待遇得失。如果不去计较，就能把计较的时间和精力更好地用在工作上，不论做任何事都能全力以赴，当机会来临时才能及时把握住。

我们怀着感恩的心去工作，我们就是在享受工作，以这样一种心态去工作，我们收获的会是意想不到的惊喜和成就。回头想想，自己曾经从事过的每一份工作，都带给我们许多宝贵的经验和教训，这些都是人生中宝贵的经验。带着一种从容坦然、喜悦的感恩心情去从事你的工作吧，这样会获取最大的成功。

李立所在的公司突然倒闭，李立也就失业了，虽然这一切让他难以接受。他原本以为对于一个在这家软件公司干了8年的老员工来说，再熬几年就可以做到退休，然后拿着优厚的退休金颐养天年了。

也就在这个时期，李立的儿子降生了，他意识到，重新工作迫在眉睫。作为丈夫和父亲，他有责任让妻子和孩子们过得更好。他的生活开始凌乱不堪，每天就是不停地找工作。

找了一个月他还是没能找到工作。除了编程，他一无所长。一天，他在报上看到一家软件公司要招聘程序员，很好的待遇。李立揣着资料，满怀希望地赶到公司。应聘的人很多，可以想象竞争将会异常激烈。通过简单交谈，公司通知他一个星期后参加笔试。凭着过硬的专业知识，在笔试

中，李立轻松过关，两天后面试。他对自己 8 年的工作经验非常自信，相信面试不会有太大的问题。然而，面试官的问题是关于软件业未来的发展方向，这些问题，他从未认真思考过。

这家公司对软件业的理解，令李立眼前一亮，虽然没有来这里工作的机会，可他感觉收获很大，有必要给公司写封信，表示感谢。于是提笔写道："贵公司花费人力、物力，为我提供了笔试、面试的机会。我虽然最终落聘，但通过应聘使我收获很大，获益匪浅。感谢你们为之付出的劳动，谢谢！"

对这家公司来说，这是一封与众不同的信，因为落聘的人不但没有不满，竟然还给公司写来感谢信，真是闻所未闻。于是这封信被层层上递，最后送到总裁的办公室。总裁看完信后，一言不发，把它锁进抽屉。三个月之后新年来临之际，李立收到一张精美的新年贺卡，上面写着：尊敬的李立先生，如果您愿意，请和我们共度新年。贺卡是他上次应聘的公司寄来的。

原来，这家公司出现职位空缺，他们想到了李立。后来，李立凭着出色的业绩，一直做到了公司的副总裁。

由此可见，感恩，不仅是一种心态，也是一种力量。对工作感恩，可以使我们更加珍惜现在，做好现在的一切。面对当下的挫折，能让自己获得更大的提升。感恩还可以让自己与同事和老板的关系更加融洽。在感恩中积累下来的、收获的，不只是现在，还有未来。

第六节　与其抱怨，不如感恩

我们的生活中处处都有不如意，抱怨解决不了任何问题，面对不如意

第四章
常常感恩，时时收获慰藉和幸福

的事情，与其抱怨，不如感恩。生活中的不如意，我们习惯了抱怨，我们常会听到这样的话："某某的工作好轻松"、"某某某怎么那么走运"等抱怨命运的不公，抱怨生不逢时，抱怨造化弄人。在抱怨中，我们却对自己拥有的幸福视若无睹、不懂珍惜，只是一直在单纯地放大缺憾；在抱怨中，患得患失、斤斤计较，把感恩的心态越抛越远。

很多人都会认为抱怨是很好的发泄工具，可以在挫折或面临困难的时候放松自己的心情，但是我们还是忽略了这种情绪对自己的严重影响。当然，我们也不是圣人，不抱怨是不可能的，我们能做到的是尽量少抱怨。因为过多的抱怨会让我们对工作丧失起码的责任心。在提到抱怨与责任的问题上时，有位企业领导者一针见血地说："抱怨是失败的借口，是逃避责任的理由。这样的人没有胸怀，很难担当大任。"

有很多时候，工作中的我们，都是可怜的"受气包"和无奈的"变形金刚"，到了忍无可忍的境地还得继续容忍，改变自身以求容身。正如法国思想家卢梭所言："忍耐是痛苦的，但它的果实是甜蜜的。"

从前，一个秀才进京赶考，他晚上梦到自己在墙上种白菜，算命的解梦说："高墙上种菜就是白费劲的意思"，劝这个秀才还是回家算了。秀才听后非常失落。后来，有位店老板听到他的梦后乐了："墙上种菜不就是高种（中）的意思吗？"秀才于是振奋精神参加考试，中了个探花。同样的道理，杯子里只有半杯水了，一个人看见会说："哎，只剩下半杯水了。"而另外一个人则说："啊，还有半杯水呢！"其实，事情都是有两面性的，问题在于当事人如何去看待它们。这就是人们在对待事物时的不同心态，前者是抱怨而悲观的，而后者则是感恩而乐观的。

的确如此，一个人面对失败所抱有的心态往往决定他一生的命运。拥有积极的心态有助于人们克服困难，使人看到希望，保持进取的斗志。而拥有消极的心态会令人沮丧、失望，对生活和人生充满了抱怨和失望，自

我封闭，于是自己的潜能遭到限制和扼杀。

不要抱怨玫瑰有刺，要为荆棘中有玫瑰而感恩。生活中没有一项工作是完美的，也没有一项工作会让一个人完全满意，我们做不到不抱怨，但可以让自己少一些抱怨，而多一些积极的心态去努力进取。

不得不承认，人生的确有不少磨难，生活的五味瓶里，除了甜之外，没有什么再是人们的向往，可酸甜苦辣又是生活中不可缺少的，它们能够丰富我们的人生。人生需要苦难的洗礼，正是因为那些折磨，我们才能在挫折中找到自己的不足，才能不断地完善自己。

眼前的困难，不会成为你一辈子的障碍。所以，即便面临困境，也不要悲观，坚持一下，苦难一定会过去。我们的生命，是苦难与幸福的轮回。我们在逆境中要能坚守自己，再苦也要笑着面对，再委屈的事情，也能用博大的胸怀容纳，那么，人生就没有过不去的坎儿。

当我们走出困境，用乐观的心打量这个世界的时候，就会发现，原来生活不是不美好，而是我们一直在抱怨中扭曲了生活的本质。我们应该学会感恩，学会与人分享，学会在残缺中感受快乐，在逆境中品味幸福。

我们都向往一个公平公正的世界，但每个人有着不同的出身、不同的社会背景、不同的能力，即使国家搭建了一个公平公正的平台，在生活中，歧视也会无处不在。因此，靠抱怨是不能获得别人的认可与尊重的，面对挫折、不公的时候，与其抱怨，不如学着去感恩，感谢这些困境，然后发愤图强，总会有所成就的。

第五章

> 总有一份感动，让你找到共鸣

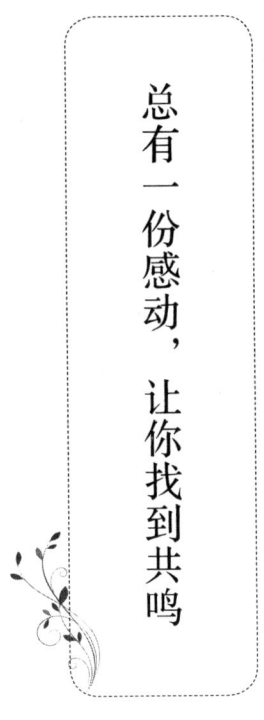

第五章
总有一份感动，让你找到共鸣

第一节 引起共鸣，体验共鸣

如果你能严格遵循共鸣法，我们现在要讨论的这个步骤——明确表达有力概念应该就相当容易！你已经花了很多时间去了解顾客待解决的市场问题，识别可能引起市场共鸣的商机，开发可能带来突破性体验的产品或服务。如果这些你都做得很好，接下来你只需要认真总结自己的组织都为顾客做了什么。你肯定很想表达一个或多个有力概念，说出能引起顾客共鸣的短语和句子。

其实最有力的概念就是来自公司的特殊能力，同时完美解答了顾客的待解决问题。这一概念的确有力。

这种成功概念的与众不同之处在于，它并没有对产品或服务的功能加以描述。例如，乔治•W.布什在演讲和广告中一次又一次说道"坚持到底"这一有力概念。这个概念对"保安妈妈"尤其有吸引力。他一再强调，如果布什战胜约翰•克里连任美国总统，她们的家人就可以免受恐怖主义威胁。他为什么这么说，主要是因为总统候选人试图引起这一选民群的共鸣。

对共鸣法进行总结才可以表达出引起共鸣的有力概念。你想要每一顾客群相信自己的组织能为他们到底做了些什么？怎么样向顾客展示自己的重要能力呢？除了产品，每个顾客群还需要什么？你的产品可靠吗？高档吗？你的产品是不是"安全的选择"？例如，沃尔沃出售的不只是汽车，

更是安全。

开发产品和服务体验时,一定要记住"体验"两个字。最成功的组织明白,顾客购买的是总体验,所以尽最大努力在创造着引起共鸣的体验。人们关心的顾客体验一般包括五部分。

1. 发现体验

顾客需要充足的信息制定合理的、有充分根据的决策,从而来解决自己的问题。例如,善于制造共鸣的组织也许会依靠写博客的形式让公众了解自己解决问题的方法。长远看来,那些整合简单、无害且有效的市场营销体验能让领导者获得更多的利益。

2. 购买体验

为什么人们在购买产品的时候,有的购买方便,有的却十分麻烦呢?不会制造共鸣的公司整天只是想着如何简化公司的业务流程,而不会去考虑顾客的方便性或娱乐性。不管你卖的是5块钱一块的三明治还是3万元一条的船,尽最大努力地简化流程、增加购买体验的娱乐性能带来更多销量。

3. 包装体验

你要知道在日本,包装精美的水果是十分流行的商务礼品。每个熟透了的苹果或梨子都用精致的薄纸包着。当然,这些水果都经过精挑细选,有着完美的形状、大小和颜色。由于包装的精美,往往水果箱会比水果本身10倍还多的价格卖出。此外还有一部分顾客群希望包装从简,并批量购买水果以节约开支。

4. 使用体验

突破性体验很容易理解和执行,它们来自于直觉、自然形成,可以帮助人们搭建与产品或服务之间的桥梁。比如说,我们中的一人最近把车子扔在修理部,维修商借了我们一辆汽车暂时先用着。可是令我们惊奇的是，代理商对车内的广播频道进行了调整，就是说借用车里的广播频道和我们送去修理的车子里的广播频道是相同的。做这样的改变可能花不了一分钟，却给别人留下了完全不同的印象。

5. 服务体验

许多产品和服务需要某种形式的售后服务，不会制造共鸣的组织为了降低自身的成本，会把这一环节外包给没有接受过专业培训的第三方，甚至把这一环节去掉，对顾客撒手不管。善于制造共鸣的公司都会知道，满意的顾客会和朋友聊起良好的售后服务体验，或者在博客或论坛上发表，也有可能购买更多的产品和服务。

事实上，你的突破性体验或许这五项全都包括，但最后也许只专注于其中一项或几项。究竟专注于哪项完全取决于你的竞争优势。

第二节　创造突破性的产品和服务

日本工薪族以疯狂加班闻名。他们每天都要在公司待到晚上九十点钟左右，然后或许会出去喝酒，或者和同事一起去唱卡拉OK。不过，有一个问题，在像东京、大阪、名古屋这样的大城市，末班火车午夜时分才会开往郊区。因此，由于一天工作的疲乏，再加上啤酒的作用，他们在登上某班车后，往往很快就会睡着。

很多时候，他们会坐过了站。

当火车到终点站的时候，乘务员穿过车厢，会发现睡着的工薪族数量特别多。于是，他们把这些为薪水打拼的人们叫醒，推搡着帮他们走出

车门。尚未清醒过来的工薪族艰难地在静谧的夜色里穿行,手里提着公文包,领带也歪了,忽然发现自己还在水稻遍野的村镇,一小时前就已经错过了那一站。

难道要坐下一班火车回家?可是早上第一班车还要三四个小时才能来。打车回家吗?可是要几百日元呢。这时,他们意外地发现街道对面有一家酒店,而且还有空房!

于是他们朝这个意料之外的救星走去。进入酒店,服务人员很热情地问候他们,递过来装有牙刷和剃须刀的盥洗袋。最好的是,他们在这里支付的费用比打车的费用要低得多,还有地方可以一直睡到天亮……就这样问题解决了!

谁会意识到在偏僻的火车终点站建酒店的重要性?聪明的日本酒店的经营商广泛了解人们的需求,发现了一个被人们一直忽视的市场问题,而一座位置适当的酒店就把问题解决了。他们发现了一个有酒店服务需求的特殊群体——因过度劳累而坐过站的工薪族。他们在距离大城市数十公里的小镇建立起迅速增长的赢利性业务。与之类似,繁华商业中心车站附近也出现了大量像名古屋维尔酒店那样的小旅馆,它们满足了那些错过末班车的人们的需求。

我们被这样的故事深深吸引,因为他们解决了人们愿意为之支付费用的市场问题。

我们来重温一下引起共鸣的产品和服务。苹果这个品牌就是共鸣器的典型例子。苹果解决的问题不只是对更好的 MP3 播放器的需要,尽管这一解决方案是以这种形式出现的。事实上苹果解决的真正问题在于,有了苹果,人们就可以更舒适地边走边听电子音乐了。后来在一种程序的帮助下,用苹果播放和存储歌曲更加简便。苹果的设计简约而优雅,即使没有说明书的帮助,也能很快上手。很多人为使用老式 MP3 播放器烦琐步骤而苦恼的人们听说苹果时都马上会说："现在的 MP3 太不方便了，苹果听上去简单多了！"后来越来越多的人很快意识到，苹果可以帮助他们避免麻烦的发生。

因此，创造突破性产品或服务最简单的方式是遵循共鸣法。这些步骤会使你发现、创造和启动自己的共鸣器。

第三节　学会制造共鸣

在这里我们可以告诉你，制造共鸣其实并不难。但是，制造共鸣需要用新的思考方式去思考如何创造突破性产品和服务，以及如何将它们推向市场。遗憾的是大多数组织不知道该如何制造共鸣。实际上，我们往往看到各种组织一次又一次地在犯同样的错误。

以下介绍的是引起产品和服务失败的一些常见错误：

猜测——假设公司内部员工比消费者自身更了解他们的消费需求。

假设——基于现有顾客的要求开发产品和服务，却不是顾客愿意为之付费的待解决问题。

介绍——想要依靠高额的广告或销售人员队伍在市场上创造一定的需求。

开发出的共鸣法，每个公司可以凭借这种方法一次次地创造成功。我们在快餐连锁店和专业服务公司等众多领域的成功产品体验中都看到了这一原则的体现。可以这么说，如果你对自己的业务应用 6 步共鸣法，不论出售什么产品或服务，取胜的机会都很大。

如果你要将共鸣法运用到自己的业务中，那么从现在起就该制订简要计划，这个计划可以帮助你明确而有力地向投资人表达产品或服务的重要观点。

计划是一种工具，你可以用它来简单明了地描述自己的产品或服务。你可以和"内部观众"共同实施计划，比如产品开发团队、配偶和销售人员等。同时计划也可以帮助你与潜在投资人、合伙人和其他股东交流自己的观点。

制订一两页长的商业计划就可以了，你可以将想要创造的产品或服务的全部精华都压缩进去。简短的计划应包括：目标、战略、操作细节，以及如何用这一产品或服务赚钱。

在你的计划中应当对以下问题做出回答：

你在解决哪些具体的待解决问题？

你的解决方案会影响到谁？有多少人会受到影响？

你要创造什么产品或服务来解决这个问题？

你的产品或服务会对顾客造成什么样的影响？

怎样把潜在顾客转变成真正的顾客？

制造共鸣计划书能帮你制定"行动或不行动"和"购买或开发"的决策。

我们知道，这一文件中还可以写进更多的内容，但尽可能写出直接方法最能帮助决策者制订一系列行动计划。记住最重要的任务是，抓住自己如何解决市场问题的本质。

很多公司的管理人员和员工自以为能制造共鸣。走进这些组织，看看他们整天都在做的事情，我们一定能发现问题，发现内部想法外部化让公司错过的机会。就是说，很多公司都是低效的，因为他们公司的研发部门制订方案的时候花了太多时间去假设和武断地发表太多的意见，而没有去倾听、去了解顾客的实际问题，以及顾客希望花钱去解决的问题。

可以用一些测量方法来评估组织是不是善于制造共鸣。那么请你客观地回答下面的问题。如果你的答案都是肯定的，那么祝贺你，你已经会制造共鸣了！

除了销售人员，有人常常访问顾客和潜在顾客吗？

与顾客见面时，你是不是倾听多于侃侃而谈？

你的产品和服务是为了解决市场问题而创造的吗？

你的交流是不是以定义明确的市场和顾客的特殊量化问题为基础？

你的网站是不是专注于顾客群的市场问题，以及这些问题的解决之道，而不是对产品一味地胡编乱造，也不是花架子似的"公司任务"和"公司前景"？

第四节　唤起大众共鸣，更易成功

假如你想开办一家教堂，需要做些什么呢？你需要物色一栋大楼，购买一些彩色玻璃和一架管风琴，再雇用一名牧师，不是吗？事实上未必如此。如果你善于制造共鸣的话，你就会知道，建立一座能引起教区居民共鸣的教堂需要做的并不是这些。首先你要理解潜在的教堂访问者的问题，就是各种有可能去教堂做礼拜的人的问题，找出大家去教堂的原因。

马克巴特森是一个牧师，他在华盛顿州大主教辖区一座颇受欢迎的教堂里工作。这座教堂并不是传统意义上的教堂，因为他们既没有自己的大楼，也没有传统服务，更没有像其他宗教那样虔诚的一般标志。巴特森努力去了解自己的市场——数以万计忽视这个地区其他教堂的二十几岁的年轻人。巴特森了解到，教堂建筑或许会成为很多年轻人来教堂做礼拜的阻碍。因此，他的国家社区教堂每星期都会在三处非传统地点进行三次服务，比如周日早上没有电影放映的电影院，等等。由于很多的"顾客"不开车，他选择的地点都在地铁站附近。

这个教堂广泛运用视听和互联网技术讲述故事，在线上和线下构建精神社区。在教堂的工作室，巴特森和他的助手开发出许多的视频故事，为这项生活服务增色不少。"我认为，教堂应该是世界上最具创造性的地方。"巴特森说，"中世纪教堂的彩色玻璃向来教堂做礼拜的人们讲述着基督教的故事。我们用电影向人们讲述故事，用录像增加色彩效果、渲染气氛。如果耶稣的年代也有录像，他肯定会制作电影，这并不令人吃惊。"

巴特森还在博客中发表了一篇轰动一时的文章，并因此成为华盛顿地区的网络红人。他的博客受到全世界成千上万年轻人的喜爱，他的博客成为全美成长最快的一个教堂博客。看到了吧，制造共鸣的方法使得巴特森大获全胜。在这里，顾客是他想要吸引到教堂来的人们。每个周末平均有超过1000名成年人在国家社区教堂做礼拜，其中70%是单身的二十几岁年轻人。非常明显，国家社区教堂是共鸣器。

你认为喜剧演员为什么那么滑稽吗？那是因为他们善于制造共鸣。伟大的喜剧演员都知道如何引起人们的共鸣，让观众发笑。

好的笑话像苹果公司的广告语一样有力。优秀的产品或服务构思让人们想去做更多了解，好笑话引人思考、令人发笑。请看下面一些经典的笑话：

"你最先忘记名字，随后忘记长相，再然后忘记拉上拉锁，最后会忘记把拉锁拉下来。"——乔治·伯恩斯

"知道那个用在飞机上的'不会被摧毁'的黑匣子吧？为什么他们不用那种材料制造整架飞机？"——斯蒂文·怀特

第五章
总有一份感动，让你找到共鸣

"你有没有注意到，马路上比你走得慢的都是白痴，比你走得快的都是疯子！"——乔治·卡林

"我告诉自己的精神病医生，大家都讨厌我。他说我太可笑了，不是所有人都见过我。"——罗德尼·丹泽菲尔德

"你必须保持身体健康。我的奶奶从60岁起，每天都走5英里。她现在有97岁了，我们都不知道她走到哪儿去了。"——艾伦·德杰尼勒斯

"《今日美国》进行了一项新的调查。3/4的人很明显占总人口的75%。"——戴维·莱特曼

其实很多喜剧演员掌握并可以参透某一人群的心思，喜爱喜剧演员表演、购买其产品的往往正是这一人群。那些幽默的花样会引起人们的共鸣，因为喜剧演员都具有很高的洞察力，他们的妙想能引起受讽刺的人群的共鸣。

杰夫·福克斯沃西就是很典型的一个例子。他可以猜透美国南方蓝领的内心，还可以表演"平民喜剧"。福克斯沃西的愚人笑话流传很广，他从日常生活和人性中发掘幽默，成绩特别突出。1993年，他出版的喜剧集《如果这样你也是白痴》名列畅销书排行榜首位，销量达到几百万册。事实上，他是出版最多喜剧集的喜剧演员，他的粉丝可以收集到21本福克斯沃西的书。

《如果这样你也是白痴》：

拥有一整套色拉碗，侧面都印着清凉维普。

屋顶上有很多轮胎，却没有汽车。

曾经更换过祭盘。

邻居觉得你是个侦探，因为警察经常把你带回家。

把好电视放在坏掉的电视上。

他想了解观众，特别是想取悦观众，最终福克斯沃西创造出引起共

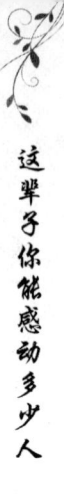

鸣的幽默，用自己的独特理解和洞察力构建了自己精彩的职业生涯。现如今，他是美国流行电视节目《你比五年级的学生聪明吗》的主持人。

第五节　找到引人注目的事物

斯蒂夫·科恩从小生长在富饶的威彻斯特县。他的叔祖父是著名魔术师哈里·胡迪尼的弟子，叔祖父也是他的魔术老师。在科恩开始涉及专业魔术领域时，发现人们把所有魔术师当成可交换的商品，在当时人们可以用很低的价格将魔术师请到孩子的生日派对上供人们娱乐。这让他悲叹不已。人们都没有看过他的表演，更不知道他是全国手法绝顶高超的艺术家之一。人们见到他会问："你会不会用气球变动物？我的孩子星期天要举办成人仪式。给你500美元来我们这里表演魔术你觉得怎么样？"于是他的骄傲受到了很大的伤害，金钱损失更大。就因为这样，科恩决定请定位专家马克·雷力帮他构思有力概念，来诠释他的魔术。

为了更好地为科恩定位，雷力对他进行了正式访问。"我们一起出去随便逛了逛，聊起他的第一次表演、最喜欢的魔术和最喜欢一起合作的伙伴。"雷力说，"我也会去看斯蒂夫的表演，询问观众他们最喜欢哪些时刻。"

雷力搜集了很多科恩的信息，发现一些元素可以形成有力概念。"斯蒂夫在纽约查巴克附近长大。这片社区对他的成长有很大价值。"雷力说，"他学会如何为有钱人表演，他们有时要求很高。"雷力发现了科恩的特殊能力，那就是十年的表演经验让他在有钱人和名人面前也能表现自如。其实并不是所有人都知道如何取悦富人。"有钱人有很多选择去花费自己的时间和金钱。"雷力说,"虽然斯蒂夫没有刻意地开发这方面的天赋,但他可以为任何人表演。他的价格适中,无论在谁面前,都能泰然自若。"

随后,雷力深入发掘科恩的特殊能力。"我问科恩你给哪些名人表演过,他给了我一张名单。"雷力说,"不过,里面有一些十分有趣的名字,比如戴维·洛克菲勒、安迪·格鲁夫和杰克·韦尔奇等。这些名字有一点共同吸引我们的地方,那就是他们不只是富有,而是超级富有。"经过综合考虑,雷力最终认为,科恩的最佳定位是为超级大富翁表演。"事实上现在,这一领域还没有魔术师涉足。"雷力说,"其他魔术师都向人们宣称自己是最滑稽、最锐利的等。有的魔术师擅长在商业展览、派对、儿童乐园和重大集会上表演,有的魔术师擅长某种特殊魔术。但是,还没有人把注意力集中在富有的名人身上。"

这个概念带来了一条创新的口号。"百万富翁的魔术师,盛大活动上的娱乐。"

"马克雷力绞尽脑汁为我设计'百万富翁的魔术师'这一品牌概念。"科恩说,"不过,我有点担心人们会排斥这个概念,会被它吓跑。"

幸好,科恩最终采纳了雷力的意见。最后,在他的帮助下,科恩每次演出都能赚到10000美元至25000美元,是生日聚会、巡回演出的好几倍。在2005年的时候,科恩先后为玛莎斯图尔特、纽约市长米高彭博、锐步首席执行官保罗菲尔蒙等知名人士进行了表演,年收入达10亿美元。他经常乘坐顾客的私人飞机,到他们位于阿斯蓬、瑞士等地的度假别墅演出。《纽约时报》等知名报纸上都对他进行过专门的采访,他也做客过ＣＢＳ电视台《晚间新闻》、《今日新闻》等电视节目。这一年,科恩入选福布斯世界400富豪榜。"这只是那篇文章的一己之见吗?谁给那些最富有的人带来娱乐,是百万富翁的魔术师斯蒂夫·科恩。"雷力说。

不知道大家明白了没有,这一切都是几个有力字眼的功劳——百万富

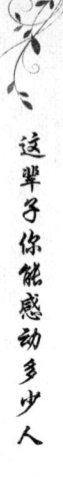

翁的魔术师。

找出可以引起顾客共鸣的有力概念的过程其实并不困难，只需要你经常约见顾客，了解他们的问题，然后，需要把这些概念转变为有力概念。因此，我们需要遵循以下四个步骤：

1. 相似分类

你已经用有力的证据证明了顾客遇到的问题，希望你能发现很多具体的特殊问题，因为需要表达的概念是具体的。找出自己可以解决又能因此获利的小问题，证明自己有足够的能力。访问的顾客越多，调查结果列表就越长。最好的调查结果列表中包含几十个有能力解决的问题。仔细区分这些问题，你就能发现它们的一些共同点。把详细问题归为一组，或者五六组，并给每组命名。

2. 电梯谈话

分组和命名之后，开始进入下一步骤——用简短的话总结出每组问题的中心内容，不超过 25 个字。这里就用到了"电梯谈话"。如果有人问起公司产品或服务的功能，你可以这样回答，但在电梯里你只有几秒钟的时间。

电梯谈话最好以顾客的口吻进行。所以，开始电梯谈话之前就要先完成相似分类。电梯谈话应当围绕顾客和你的产品或服务能为他们解决的问题展开。

3. "酸测试"

如果一开始就从顾客口中得到的特殊问题出发，得到的信息有很大的可能引起共鸣。这时候，如果要确保自己的产品能引起共鸣，则需要进行"酸测试"。你需要锁定一些人作为顾客群代表，和他们进行电梯谈话。可以提出下列问题：

你觉得这种解释有意义吗？

这种产品或服务是用来干什么的？

听说这些内容，你会感兴趣吗？

你想购买吗？想进入销售周期的下一环节吗？

信息一旦通过测试，你将拥有一个很有价值的工具。电梯谈话应成为网站、广告册、新闻稿等营销材料中的重要元素。销售人员也应当用这些简要的信息回答"为什么我要购买你的产品"。

4. 完善概念

你要明白电梯谈话是开发强有力概念的第一步。最后一步是提取精华，创造令人印象深刻的概念。比如说"不断追求完美"是雷克萨斯汽车的有力概念；"口味醇美，热量更低"是米勒清啤的有力概念；"更快抽取"是旁蒂纸巾的有力概念；"我选我味"是汉堡王的有力概念。这些构思来源于产品能为顾客解决的问题。

第六节　好员工，要与顾客达到共鸣

一旦组织将共鸣法运用在业务中，人人都能深深体会到其中蕴涵的诸多概念。最终，制造共鸣会成为公司文化的一个组成部分，公司职员和管理人员会以同样的方式挑战旧做法。如果并不是整个组织都善于制造共鸣，部分员工和部门也可以做到。理解共鸣法的员工知道自己的公司能解决哪些市场问题，这样他们就能为顾客更好地服务。我们称为"制造共鸣的顾客服务"。事实上我们经常看到这种现象的发生。

前不久，一位同事和家人一起乘西南航空的航班去佛罗里达州度假。

快到登记处时,他的两个十几岁的女儿想把塞得满满的行李箱搬到天平上。因为箱子实在是太重了,不得不请父亲来帮忙。

没有什么意外,女孩们的箱子都明显超过了西南航空的最高重量限制。"不好意思,你们的行李超重了。"工作人员说,"如果想托运这些行李,你们得额外支付费用。"于是航空公司职员为他们解释超重行李托运规则。51磅到70磅重的行李需交纳25美元,71磅到100磅重的行李则需交纳50美元,超过100磅的物品必须作为空运货物托运。女孩们的行李每件的重量大约都在80磅。

"你们每人只有一个袋子,而我们可以允许每人携带三件行李。"票务代理人继续说,"我可以为你们提供西南航空的粗呢袋子,每个25美元。你们可以把箱子里的东西分别装进不同的袋子,这样就不会超重了。"

同事听后十分吃惊。他准备好付给西南航空100美元托运超重的行李的费用,但最后只用了一半的钱买了两个质量很好的西南航空粗呢袋子,把孩子们的行李安全送到佛罗里达州。

"现在,每次旅行我们都带着那些粗呢袋子。"他说,"西南航空的商标陪着我们家的人走了很远。"

看到了吧,这家公司不仅关心顾客,更明白如何制造良好的声誉。同事说,同样的故事他听过很多次。他还说,自己是西南航空忠实的顾客。

第七节 "带头"共鸣:领导的表率

很多公司都把注意力集中在错误的地方。员工们疯狂地工作,执行销

第五章
总有一份感动，让你找到共鸣

售和市场项目，却对顾客及其问题浑然不知。他们开发"信息"，组织营销活动，设计口号，聘用专人促销产品。他们只顾着自负地介绍自己的产品，却对顾客的问题闭口不提。这些公司不停地在忙碌，但无法引起人们的共鸣。

而善于制造共鸣的领导者的做法则完全不同。他们不会对竞争着迷，只有市场问题才令他们着迷。他们明白应通过访问潜在顾客、了解市场和观察开发产品体验。

最主要的是，善于制造共鸣的领导者往往生活在潜在顾客的世界里，他们访问潜在顾客，进行不断地调研。他们开发出独特的企业文化，以达到以下目标：

1. 发现市场中需要解决的问题；
2. 深入了解潜在顾客及其问题，甚至超过他们对自己的了解；
3. 量化产品的市场影响，并在此基础上构建起一定的商业方案；
4. 辨别组织的特殊能力，创造能解决市场问题的突破性产品体验；
5. 理解并可以同时清楚地表达能引起顾客共鸣的有力概念；
6. 用人们可以接受的方式与潜在顾客沟通和建立联系；
7. 对产品进行分销体验，方便顾客购买。

经过多方面的调查数据研究和分析，我们发现在市场中取胜的公司有一些引人注目的相似之处。被我们访问过的大多数首席执行官都说，脚踏实地对他们来说实在是再平常不过的事情，就像过马路之前要先看看两边。这些箴言让善于制造共鸣的公司轻松并充满自信，不善于制造共鸣的公司则一直艰难前行。

第六章

抓住人性的共鸣,让营销变得与众不同

第六章
抓住人性的共鸣，让营销变得与众不同

第一节 "共鸣营销"的魅力

1998年，《泰坦尼克号》这部电影成为全世界人们共同关注的热门话题，它创造了人类电影史上的新纪元。《泰坦尼克号》在全球的票房收入共为18亿3540万美元，其中，北美地区收入为6亿美元，位居全美第一名，这个纪录在2010年之前一直无影片能够超越。而在中国市场，《泰坦尼克号》同样取得了高达3.6亿元人民币的票房收入，这个纪录至今也没有任何一部影片能够超越它。

那么，《泰坦尼克号》成功的背后隐藏着什么呢？其实《泰坦尼克号》不只是一部成功的商业影片，更重要的是它带动了20世纪末的一股怀旧风潮：泰坦尼克号的沉没是20世纪初的一场悲剧，这部电影却以真实的史实加上虚构的爱情故事将泰坦尼克号起航不到5天中的爱情、友情和灾难呈现在20世纪末的这一代人面前。它带有强烈的情感，不仅迎合了人们的怀旧情结，同时也触动了亿万观众的心灵。

这就是"共鸣营销"的魅力。

早在20世纪70年代，有一名美国广告理论专家就提出了"共鸣模型"。这位专家认为成功的广告营销一定是与目标受众产生强烈的情感共鸣，广告让目标受众唤起并激发其内心深处的回忆，从而产生了难以忘怀的体验经历和感受，同时广告也赋予品牌特定内涵和象征意义并在目标受众心目中建立了移情联想。"共鸣模型"同样也迎合了当代认知建构心理学的观

点,这个理论的一个基本观点就是反对信息加工,心理学中将人脑加工信息工作与电脑信息处理方式相类比,同时也不认可人的认知过程不受到或没有情感因素影响的观点。

根据"共鸣模型"的理论,有效的说服策略要有从具有说服力的信息入手,并不是向人脑输入一个信息。产生共鸣的信息要涉及目标受众的价值观、需要、欲望等信息,而这些不只是听起来是正确的信息。那么,企业又怎么从目标受众那里获得具有情感说服力的信息呢?

1. 产品层面的"共鸣营销"

就是从产品层面的角度出发来挖掘能够引起目标受众共鸣的信息,并且把这个信息传播出去,使这个信息得到目标受众认可,以此来激发目标受众的情感共鸣。

美国学者克雷格·斯图尔等人发现,市场上那些真正的成功其实并不是以创造力或精明的营销策略为基础的。

2. 品牌层面的"共鸣营销"

就是从品牌层面的角度去挖掘可以引起目标受众共鸣的信息,这个信息也许与目标受众心里某个愿望相符合,从而赢得目标受众的情感共鸣。

娇子品牌在以往开展的品牌推广活动中,已经树立起一个"积极、进取、大气"的品牌基调,并成功地将目标消费群体紧紧定位于精英群体,确立了娇子品牌进军全国的发展方向。不过,从受众方面而言,"中国娇子"虽然有气势、有震撼力,但不容易让人们产生情感上的共鸣。

2008年在中国举办的北京奥运会正好为娇子品牌提供了一个千载难逢的机会,于是借助"百年梦想"实现娇子品牌由大到强的策划方案也开始实施起来。北京奥运会前夕,川渝中烟提炼出"中国娇子,中国梦想"作为2008年的品牌推广主题。这个主题与北京奥运会"同一个世界,同一个梦想"倡导的精英文化一脉相承。与此同时,掀起一系列全国范围内的媒体形象传播，配合主题性的公关营销事件，演绎了不同层次的"中国娇子，中国梦想"的品牌精神。

而"中国娇子，中国梦想"的提出，不仅表现出娇子品牌"积极、进取、大气"的品牌基调，而且也焕起了人们的自信心和民族自豪感，最终赢得了人们的情感共鸣。

随后娇子品牌以"聚焦精英文化、打造影响力"为选择策略，以热点事件作为关联点，与强势媒体联合主办《新周刊》2007大盘点·中国娇子年度新锐榜、《南方人物周刊》中国娇子青年领袖评选的活动，以及与共青团中央联手打造中国骄子青春梦想评选大型活动，等等。娇子品牌通过多个主题性的公关营销事件，让媒体连续不断地为品牌进行宣传，在全国范围内不断深化娇子的品牌形象，丰富品牌内涵，传递出娇子品牌"中国娇子，中国梦想"的全新主题。

在此之前，也就是"5·12"汶川大地震时，川渝中烟推出的"中国娇子，中国脊梁"的宣传主题，在心灵深处焕起了人们的爱心，赢得了人们的情感共鸣。

川渝中烟在自身遭受近3亿元重大损失并全面开展自救的同时，也义不容辞地全力抗震救灾。在灾难发生的第二天，川渝中烟向灾区捐款2200万元；第三天川渝中烟捐赠价值达400多万元的卷烟；几天后，川渝中烟又向武警四川总队赠送物资一批；还有，个人捐款113万元，等等；最后据统计显示，川渝中烟累计向灾区捐款捐物高达4200多万元。川渝中烟用自己的行动为抗震救灾贡献了一份力量，同时也诠释了"中国娇子，中国脊梁"的精神内涵。

经过坚持不懈的品牌建设以及品牌传播的不断深入，最终娇子的品牌价值在消费者心中得到了迅速提升。2008年6月，世界品牌实验室发布的娇子品牌价值已经达到31.22亿元，同时，娇子品牌更是位列2008年

中国 500 强最具价值品牌第 242 位。

总之,共鸣营销能够建立企业与目标受众之间的坚固联系。当企业了解目标受众的需求,并推出与目标受众的期望相符的产品或理念时,企业就会被人们所认可,并激发起人们对企业的产品或理念产生的情感共鸣。

第二节 "情感共鸣":生存的决定性条件

自从约瑟夫·派恩和詹姆斯·吉尔摩提出了"体验经济"的概念之后,"体验"这一重要的营销手段越来越受到人们的关注。那么什么是"体验营销"呢?

从根本上来说就是,要求企业在营销过程中不只是让顾客获得产品功能上的满足,同时也要获得体验或者说情感上的愉悦,从而实现顾客与品牌、产品之间的"情感共鸣"。

由于激烈的市场竞争使得行业内的产品和服务越来越走向同质化,因此产品所附着的独特心理感受和体验也变得尤为重要。行业内产品的竞争从某种程度上说已经演变成体验的竞争。也就是说,谁能给消费者美好而独特的体验,满足了目标消费者的心理需求,最终才会形成独特竞争力。

尽管体验营销是企业通过营造"体验"给消费者带来的心理满足,但这并不表示产品本身在营销和传播中地位的下降。其实体验营销只是赋予产品营销和传播更多新的手段和理念。也就是说,体验营销带来的是更加新颖有效的产品传播策略和方式。

1. 我们的产品是体验营销的基础和手段

在《哈佛商业评论》这本书中对体验营销给出这样的定义，体验营销是"企业以服务为舞台，以产品为道具，围绕消费者创造值得回忆的活动"。所以"产品"和"服务"依然是体验营销策略得以实现的核心元素。

2. 产品也是体验营销的终极诉求

一个企业面向消费者制定的任何营销策略的最终目的都是为了促进产品销售，提升产品和品牌形象，以此来实现企业利润的增长。体验营销作为一种商业营销策略自然也不会例外。此外，产品的有效传播和销售也是判断任何一次体验营销成败的重要标准。

3. 产品属性还决定了消费者体验的心理属性

产品从属性上一般可以分为感性商品、理性商品和介于感性和理性之间的商品。和这些相对应的不同顾客心理属性也越来越多地成为营销成败的关键因素。所以，企业必须根据自身的产品属性来营造与目标顾客心理属性相一致的体验，最终让自己的产品成为能与消费者产生共鸣的"生活同感型"产品。

这样看来，产品决定体验，体验提升产品，两者是联系紧密的。任何脱离产品的体验营销都是空中楼阁，是不现实的。

基于"体验"与"产品"之间的关系，行之有效的体验营销可以说是成功的产品传播的基础。而怎样制定正确的体验营销策略并保证实施对于产品传播是十分重要的。

1. 必须作出准确的"体验定位"

约瑟夫·派恩曾经说过"主体化营销成功的关键在于领悟到什么是真正令人瞩目和动人心魄的"。"体验定位"就是要明白目标消费者的心理，然后以正确的吸引点、特点、沟通来定位产品。

在作出准确的体验定位的基础上，企业还要对"体验营销策略"进行分析。这种分析一般包括体验营销的 4 P 组合分析和 6 E 组合分析。4 P

组合分析就是体验产品、体验价格、体验地点和体验促销。6E组合分析指的是体验、情境、事件、参与、印象和延展。体验营销与传统营销的4P理论不同,前者更加强调消费者的情感共鸣,所以一切的分析都必须以消费者心理为中心。不过不管是4P还是6E组合,每个要素之间都不是相互隔离的,在分析中需要考虑彼此之间紧密的联系。

2. 充分利用各种有效的体验营销媒介

企业为了达到体验营销目标,也需要整合一些媒介来创造体验,包括广告、网站建设、赞助、品牌标志、产品植入、品牌联合,等等。这些媒介都分别适用于不同的场合和不同性质的企业,与产品性质也密不可分。例如,在大家都不陌生的007系列电影中,邦德佩戴的腕表、使用的手机、穿着的礼服,《玩命速递》和《钢铁侠》中的奥迪汽车这些都促成了这些高端品牌与他们的目标客户之间的情感共鸣。此外,在奥迪A4L上市期间,奥迪与著名导演孙周合作制作了一部网络电影《生活相对论》。这部电影倡导的是一种事业与生活平衡的人生理念。正是通过产品植入和网络这两种媒介的结合,才成功地提升了与A4L的目标用户之间的情感共鸣。

3. 促进消费者的直接和充分的参与

对于面向产品传播的体验营销来说,消费者直接和间接地参与都是非常重要的。尤其是在现今的传播模式下,由于网络等新型传播媒介的兴起,消费者自身已经成为一种媒体。只有消费者充分参与和认同的体验营销才可以塑造积极而持续的产品口碑。为了使得消费者参与,在体验营销设计上必须选择好体验的时间、地点、环境和环节,同时配合有效的激励机制和推广手段。

4. 实现和推广积极的体验口碑

每一次的体验营销活动的参与者是有限的,你要知道并不是所有消费者都有机会接触到体验产品,所以对于体验的有效推广并促使其形成持续的口碑成为营销活动成功的终极环节。这个环节里面的核心角色就是公共关系。通过有效的媒体报道可以大范围地传播体验,以此吸引消费者的眼球,从而打动他们的心。当然,这需要媒体报道所传播的体验主题与目标受众的内在需求相一致,并且要与产品的特性有恰当的联系,而且在选题和表现手法上独特新颖。公共关系运用各种沟通策略和传播手段,以一种令人信服的方式向目标受众推荐产品,通过公关传播可以让消费者深入地把握体验。如果可以有效地配合品牌传播就很容易促使消费者作出积极的反应,例如奥迪打造的在线互动平台"奥迪汇",就是利用了网络传播广、互动性强的特点,为奥迪车友们提供了一个更直接的口碑交流平台,从而也成为奥迪公关沟通的一种有效方式。

随着社会的快速发展,产品结构的越来越丰富,市场竞争异常激烈,消费者面对的是不断膨胀的产品和信息供给。企业在产品传播的过程中一定要打破传统的营销模式,在给消费者提供功能满足型产品的基础上,更好地通过塑造产品体验来满足顾客的心理各种需求,最终实现消费者与企业和产品之间的"情感共鸣"。而可以始终促进并维持这种"情感共鸣"也就成了企业能否在激烈的市场竞争中生存的决定性条件。

第三节 用"情感魔棒",抓住人性的共鸣

情感营销的最终目标是创造情感体验,通过产品认知、品牌感受和文化渗透,再加上温和的正面情绪与一个品牌联结起来,表达欢乐、自豪与

品位的体验享受。

我们之前的彩电企业，无一例外的都是从产品的概念营销开始，从最初的背投电视、数字电视，直到今天的平板电视，彩电业在慢慢经历着概念营销中的山穷水尽。而时下，情感营销风头正好，情感营销中的体验式营销越来越成为商家竞争的法宝。

在现代营销方式中，情感是主要因素，把情感导入品牌与消费者之间，迫使企业关注联系品牌与消费者之间的感情原则，就是企业需要寻找一块能把人们吸引过来，并且吸住不放开的"情感魔棒"。

那么这个魔棒的核心秘密是什么呢，答案就是：企业必须尽心尽力去创造一种令客户和员工非常满意的感情纽带，以此来确保得到消费者的忠诚。

由此可见，现代社会人们的情感因素缺失，只要我们抓住人性的共鸣，营销也会变得与众不同！

第四节　界定共鸣点，与群众打成一片

从群众中来，到市场中去，与群众打成一片，注重并倾听他们内心真实的想法，找到能与他们产生共鸣的解决方案和概念；真正的营销就是到群众中去——用群众听得懂的话说他们关心的问题。

产品的定位，品牌的策划，产品的策略，这些是不是真正能打动消费者的策略？

因为我们经常看到营销策划者常常会犯的错误：整个的概念和策划看

起来是以共鸣为目的，虽然很美，实际上，它并不能打动消费者。而策划者自己则沉浸在自我的享受中，他们会为自己闭门造车或者是粗浅调研而制造的一个策略感到无比的兴奋，这种兴奋会让他们忘记自己是一个要为最后结果负责的营销人，却把自己当作了一个"表演者"、"表现者"，急切地想去表现他的"伟大创想"，这样一来也就停止了继续深入消费者内心深处。然后，他们还会找一堆理由——包括案例、理论甚至可以忽悠人的数据来证明他是对的。

营销是很奇妙的不是吗？表面上看好像是真的，不一定是真的，经过市场验证是真的，换个地方也不一定是真的。所以，我们需要洞察，不仅需要洞察不同市场、不同消费者的不同需求，更重要的是他们内心的真实想法，而不是"我认为"的想法。

我们为什么会"犯错误"？

其实这个问题也是很简单的，"犯错误"的一个重要原因就是认为"我是这个领域的专家"，自以为是最懂的并希望别人认为他是最懂的。有的人经常会把"我们在这个方面干了十几年了"之类的话挂在嘴上，根据经验去猜测并为自己的猜测而自豪。这样是很可怕的。这会让我们脱离群众，听不到群众的真实声音。

而那些善于制造共鸣的公司文化的最大特点是：非常重视外部想法内部化，而非常见的内部想法外部化。简单来说就是，善于制造共鸣的公司不断倾听、发现和理解顾客愿意为之付费的需要解决的问题，并不是在公司内部无休止地开会，猜测消费者的需求。

警惕，核心策略的最大浪费就是失误！

一场促销活动头一次做不好没关系，可以汲取经验下次搞好；一个广告片没拍好大不了重新再拍；印刷品出了错也可以重新印刷……这些浪费都不是很大。但是品牌定位、产品定位等关键的营销决策一旦失误的话，

那么后期的所有投入都会被浪费，最终企业损失的不仅仅是大量的人力、物力、财力，更大的损失可能是千载难逢的市场机会！

营销高层当警醒，核心策略失误是最大的浪费！那么如何获得真正的核心策略呢？答案就是制造共鸣！

共鸣是什么？

共鸣是人们愿意为之付费的需要去解决问题的最佳方案，符合他们内心真实的需求，即使顾客以前从没有听说过你的公司和产品也能很快理解你的产品的价值，能够很快被打动，并产生购买愿望。我们也可称之为打动点、触动点，也有人形象地称之为"消费者内心的那块痒痒肉"。找到了共鸣，你就不会依靠对客户的说服和教育来推销你的产品，购买会自发实现，奇迹由此产生。例如美国《金融时报》突破性的畅销品就是因为与消费者产生共鸣。

世界最权威营销大师、世界营销之父菲利普·科特勒先生说："很多产品的失败并不是因为产品不好，相当程度上是因为概念（共鸣点）没有界定好。"

的确如此，如果你的产品不能够与消费者产生共鸣，即使产品做得漂亮，策划创意完美，促销力度大，等等，消费者都不会认可。反之，如果获得了共鸣，消费者就会主动购买！

从上述的理论中，我们总结了这样一个公式：

成功品牌战略模型＝品牌定位战略＋产品共鸣战略！

品牌战略的核心指的是定位，而产品战略的核心是能够与消费者产生共鸣。品牌定位强调的是较长时间以后消费者的认知，产品共鸣强调的是当时与消费者的共鸣，快速达成购买。

那么怎么制造共鸣呢？

一般来说，有以下几点仅供参考：

1．把自己看做是什么专业知识都不懂的消费者去体验消费。

2．在终端进行大量的观察，仔细观察消费者与产品接触的整个过程，并询问消费者"刚才您为什么不买"、"刚才您为什么会买"等问题。

3．经常与身边的人进行交谈，了解他们存在的问题和解决方案。

4．请专业的调研公司为你举行消费者座谈会。

不知道你看明白没有，在上面的整个洞察过程中，最重要的一个目标就是"倾听到内心的真实想法"。

此外要注意的是，在洞察消费者的工作中一定要有营销"高手"亲自参加，不要对调研人员调研后给你的报告报以太大的希望。简单来说，企业的一把手以及分管营销、产品开发的副总要亲自参与最好。因为洞察不在于过程，而在于捕捉。而只有营销领域中的高手才能够捕捉到那个真实的信号——即消费者内心真实的想法，因为这个信号很微弱。

现在你就会理解娃哈哈总裁宗庆后为什么会花那么长的时间在终端了吧。而史玉柱在做产品的时候最重要的工作就是亲身体验。

从群众中来，到市场中去，与群众打成一片，注意倾听消费者内心真实的想法，找到能与他们产生共鸣的解决方案和概念；到群众中去，用群众听得懂的话说他们关心的问题。

这就是真正的营销。

第五节 我为什么要跟你买？

现在的市场上，顾客问销售人员的问题不再是"为什么我需要买你的

产品或服务"，而是"我为什么要跟你买我所需要的产品或服务？"

据一项市场调研结果显示，只是简单地获得了顾客的满意并不能保证与客户最终达成生意。其实，有60%~80%的消费者都会成为竞争对手的客户，虽然他们对现有的服务或产品提供商感到满意或者非常满意，但是结果他们还是会选择投奔其他人。

事实上，越来越多的销售人员以及销售经理人都在感叹现在的顾客忠诚度相当的低，消费者们最后都会去选择从那些能提供同等质量但价格更低廉的人手中购买产品或服务。

虽然我们已经讲过许多关于如何与我们的客户进行互动的各种媒介方法，以及我们如何权衡与我们客户之间的互动水平，但是我们很少花时间去讨论关于与客户在一起互动的时候内容应该是什么。简单而言就是，如果我们想要提升与顾客之间互动的水平，我们应该给他们传递什么样的信息，以及我们从他们那里得到怎样的反馈信息。

下面是几个主要的对话交流话题，任何一个销售人员可以与你们的客户进行交流沟通并与客户取得积极的互动：

1. 针对你的产品以及服务进行对话；
2. 针对作为一个销售人员你所能提供给顾客的附加价值进行对话；
3. 针对未来的光明前景进行对话。

即使销售产品能够带来的好处而不是销售产品本身的概念已经被人们推崇了10多年之久，但还是会有许多销售人员与他们的客户进行交流时就关于产品或服务的特征而不是产品所能对客户带来的利益进行沟通。主要有以下几个方面：当会议设施或者销售酒店房间的时候，具体强调房间的大小；类似产品材料销售过程中，销售的是材料本身而不是产品材料能够带来的好处；在销售ＩＴ产品的时候，强调硬件规格等。可是有许多销售人员会这么说：现在的买家都有很深厚的关于技术方面的知识，所以他们会看重产品性能方面所提供的优势的说明。但是，下面的事例充分证明了为什么在与客户的对话过程中，除了说明产品技术方面的特征外，围绕你的产品可以带来的好处进行说明对你的销售成功起到重要的作用。

假如有一个顾客正打算买一辆新车，汽车销售人员很可能就会打开汽车引擎盖让这个顾客看汽车的"技术细节"。这个时候即便顾客对汽车引擎一无所知，他／她可能也会假装知道，同时会作出一些正面的评价，比如说"不错"或者"看上去还行"等。你要明白，顾客不喜欢承认他们不知道的一些事情。作为销售人员，你要用顾客能够明了的方法来展示你所要呈现的产品或者服务。

所以，为了可以进行一场围绕你所提供的产品或服务的对话，你需要：在与顾客见面之前作一些研究，这样你就会大概清楚顾客的需求可能是什么；通过关注顾客的需求，建立信誉以及信任感；提正确的问题，以此了解你的顾客的需求；提供建议，当顾客表现出没有一点头绪的暗示时；要尽量积极主动，在展现你所提供的产品或服务对顾客能带来什么作用的时候；不要赚了钱之后就什么也不管了，一定要确保任何销售出去的东西可以及时并且高质量地送达客户！

随着信息技术的进一步发展，不管是搜索引擎、网上购物平台或网上社交，客户都可以获得他们以前获得不到的信息。这些信息中就包括你的产品、你的价格以及如何购买它们的信息。

因此，如果客户可以通过目录或者网站购买你的产品，他们就不需要销售人员作为一个"会说话的购物册子"或者一个单纯的"收款人"。他们需要的是销售人员可以为他们创造价值，具体方法如下：

要有责任感。要积极地鉴别出顾客现在面临的以及未来潜在可能的挑战，同时，可以提出建议以及方法帮助顾客解决类似的挑战及问题。

很多销售人员以及销售经理人会这样说：如果我们花时间去解决客户的问题，那么我们就没有时间进行销售了。最关键的是，如果要解决的顾客问题或挑战是我们的竞争对手提供的产品或服务，那我们该怎么办呢？

虽然销售人员或每个销售团队或在面对类似棘手问题的反应不是很相同，但还是有一些指导原则可以共同分享：

客户不只是从他们喜欢的人那里进行购买产品或服务。最主要的是，他们是从他们所信任的人那里进行购买。

最近对外资企业销售以及人力资源经理人的简单调研中发现，业绩最好的销售人员是最乐于助人的人员。

如果大部分产品的特征、价格、质量、送货以及服务水平都不相上下，那么在整个销售过程中唯一的不同点就是销售人员。所以，顾客问销售人员的问题不再是"为什么我需要买你的产品或服务"，而是现在的"我为什么要跟你买"。

在当今社会，做生意的一个关键问题就是市场，而且在这个市场中，顾客的期望在非常快地变化着。那么这对销售人员意味着什么呢？

不管是你卖的最好的产品或者说是最畅销的产品也许很快就会过时。

你认为的最好的顾客或许突然之间从其他人那里购买产品或服务。

任何一个你最赚钱的领域也许就会被你竞争对手提供的相同产品且更低廉的价格所崩盘。

如果你对你顾客的潜在需求不关心、不在意的话，那么你就会发现你将被其他人取代。

因此，不仅与客户有互动很重要，而且对于潜在需求与他们进行互动也是十分重要的。要实现这点，你需要：

了解未来市场以及未来顾客；

对你顾客潜在的需求表现出责任感，并且要积极主动地建议你如何能够帮助他们实现潜在目标。

明智的公司总是希望他们的客户能持续不断地从他们这里进行购买，销售人员会投入一些时间和资源与他们的关键客户建立伙伴合作关系以共同创造美好的未来。

第六节　打造企业共鸣团队和文化

成功的组织都了解自己的市场，这里我们介绍一些。这些公司的领导者不会在意竞争，而是把他们的精力集中在顾客愿意为之付费的需要解决的问题上。这一理念适用于任何业务、产品或服务。

善于制造共鸣的公司创造出人们想要购买的产品，会引起共鸣。

善于制造共鸣的企业家在解决市场上的实际问题，并不是创造一些小玩意儿，他们认为可以帮消费者解决问题是很酷的事情。理查德·布兰森是一个持续创业者，他在30年的职业生涯中已经在其"维珍"品牌旗下成功创办了350家子公司。而每家公司主要负责解决布兰森及其团队发现的一个特殊市场问题。

善于制造共鸣的专业服务公司总是不满足和别人相同的做法，不会拘泥于那些陈旧的广告，而是会根据新的营销规则建立新的网络顾客群。

善于制造共鸣的非营利性组织总是会了解人们会在怎样的时候、出于怎样的动机捐款。由于采取了与当地社区、教会、青年组织和政府组织合作的创造性战略，十几年来，"人性栖息地"接收到的捐款和义工服务量一直呈持续上涨趋势。迄今为止，"人性栖息地"的分支机构已超过20

万家。

　　善于制造共鸣的政治家很了解选民的问题，以及大家为某位候选人投票的原因。美国 2007 年年底的总统竞选，巴拉克·奥巴马竞选初期阶段就筹资 1.02 亿美元，在全美所有竞选人中名列第二。他的成功来自于自身有力的概念"大胆希望"和"改变"。就是这两个概念吸引了超过 100 万美元捐助者在竞选中对他鼎力支持，是号召群众运动的强有力信号。

　　善于制造共鸣的教会通过传统和非传统媒体宣传他们可以引起大家共鸣的服务，满足人们的情感需求和精神需求。每周有 42000 名顾客会选择约尔·欧斯汀的服务，有几百万的人通过电视广告和网上广告认识他。他的《精彩生活：发挥潜能的 7 种方式》一书销量超过 250 万册。

　　善于制造共鸣的演员、摇滚乐队或"激励演讲者"理解潜在观众的品位和需求。约拿·斯蒂沃德通过对年轻电视观众进行调查后，开始以新闻播报的形式演绎救生知识普及节目。这种形式曾一度在某一个有线频道受到人们的追捧。约拿·斯蒂沃德自从 1999 年接管《每日秀》后，这个节目在年轻人中的收视率不断提高。

第七章

感动顾客，让销售水到渠成

第七章
感动顾客，让销售水到渠成

第一节　来一个精彩的开场白

开场白指的是销售人员与客户见面时，拜访前几分钟要说的话，开场白是客户对销售人员第一印象的再次定格。虽然说不能用第一印象去判定一个人，但是我们的客户似乎很喜欢用第一印象来评价你，这样就决定了客户愿不愿意给你机会继续谈下去。

值得一提的是，如果是你主动征得顾客同意见面的，你的开场白就显得非常重要；如果是客户主动约见你，那么客户的开场白就决定了你的开场白。

一般来讲，开场白包括以下几个部分：

1．你要感谢客户接见你并适时地寒暄、赞美；

2．自我介绍或问候；

3．介绍来访的目的（这一环节要突出客户的价值，吸引对方）；

4．转向探测需求（最好是以问题结束，这样客户会开口讲话）。

现在我们来看一个例子：

一位销售人员按照约好的时间来到了客户陈经理的办公室。

开场："陈总，您好！非常感谢您这么忙还抽出宝贵的时间来接待我！""陈总，您看您的办公室装修得这么简洁却很有品位，可以想象您是一个做事很干练的人！这是我的名片，以后请您多多指教！""陈总您以前接触过我们公司吗？我们公司是国内最大的为客户提供个性化办公方案服务的公司。我们根据市场调研了解到现在的企业不只是单一地关注

提升市场占有率、增加利润，同时要关注如何节省管理成本；考虑到作为企业的负责人的您，肯定十分关注怎样最合理配置您的办公设备，节省成本，所以，今天与您进行简单的交流，看看我们公司能协助您做点什么。对了，贵公司目前正在使用哪个品牌的办公设备？"

从上面的例子我们可以知道，开场白要达到的目标就是可以吸引对方的注意力，引起客户的兴趣，使客户很乐意与我们继续交谈下去。因此，在开场白中陈述能给客户带来什么价值就显得尤为重要。可是要明白陈述价值并不是一件容易的事，这不只是要求销售人员对自己销售的产品或者服务的价值有一定的研究，同时还要突出客户关心的部分，找出我们将会带给他的产品的结合点。因为，每个人对一件物品的价值需求是不同的，购买同样的一件衣服，有的人注重的是衣服的款式，有的人注重的是衣服的质量，有的人注重的是衣服的品牌，等等，总的来说他关注的就是这件衣服的价值所在，假若这件衣服有 10 个好处，顾客也只是考虑 2~3 个好处就可以购买了，所以，如何找出客户最关注的价值并结合陈述，是开场白的关键部分。

以下是如何吸引客户注意力的常用方法：

1. 提到客户现在可能最关心的问题，比如：听您的朋友说起过，您现在最头疼的是产品的废品率很高，调整了几次生产流水线，可是这个问题还是没能从根本上改善……

2. 谈到客户熟悉的第三方，比如：是您的朋友某某介绍我与您联系的，说您近期想增加几台电脑……

3. 赞美对方，比如：他们说您是这方面的专家，所以很想和您交流一下……

-4. 提起他的竞争对手，比如：阳明公司刚刚和我们谈成了合作意向，他们认为……

5. 引起他对某件事情的共鸣（一般是客户也认同这一观点），比如：许多人认为面对面拜访客户是一种非常有效的销售方式，那您是怎么看的……

6. 用数据来引起客户的兴趣和注意力，比如：您如果增加了这个设备的话，就可以提升50%的生产效率……我明白贵公司现在的产品废品率比较高，如果可以使您的废品率降到一半的话，不知道您有没有兴趣了解？

7. 有时效性的，比如：我觉得这个活动可以给您节省许多话费，同时这个活动也截止到12月31日，所以应该让您知道……

上面介绍的这些方法，可以交叉使用，最重要的是要以当时的实际情况而定。当然我们在与客户进行交谈的时候，务必要以积极开朗的语气对客户表达问候。下面我们介绍一下好的开场白应注意哪些问题：

1. 最好先电话预约

除非是推销个人消费用品，销售产品前最好先找到目标客户，随后打电话接触，预约拜访，再去见面。如果没有预约突然过来的话，会让客户觉得比较唐突，甚至厌烦，大部分的情况是会被拒绝或草草打发。在电话中和潜在客户沟通也有助于提高效率，更准确地筛选目标客户。

2. 有的放矢

想要提高成交率，首先要选择你的目标客户，目标客户选定后，还要多了解客户的相关信息，例如，经营产品线如何，其产品线在市场的表现优劣势，其经营思路是怎样的，其自身企业在市场上的优劣势，以及你想提供给他的产品或服务的优劣势，在其他市场的表现是怎样的，是什么原因选择与他合作。有了以上的准备，再结合你的应变能力，相信你的开场白问题已经不难解决了。

3. 不要每次都用固定的开场白

销售人员不要去搞一个固定形式，因为每个销售人员应对的情况不同，面对的客户情况也不同，如果把开场白固定化，可能把事情搞糟。不管是什么样的开场白，只要可以吸引住顾客，让他对我或者我的产品产生兴趣，有想更进一步了解的欲望的开场白就是好的开场白。这不局限在个人的话语上，而且包括你的着装、言谈举止等。所以销售人员个人修养、缜密的思考都很重要。但是不管开场白使用什么方式讲述，应该至少达到以下目的。

（1）明确你的意图；

（2）使目标客户愿意和你交流；

（3）允许你提出问题。

4. 随时注意应变和专业度

的确，和不同的客户面谈，针对不同层次的人、不同氛围的人、不同性格的人等，都要我们及时作出准确的判断，从谈吐、举止、专业等多方面给客户一个良好的影响，为自己想要的结果作一个好的铺垫，相信会离成功更近一步。

第二节　用细节和小事搭建桥梁

如果你仔细听一下人们与陌生人交往时的交际"借口"，就会觉得平淡得像白开水一样，他们就是凭借着这样的"借口"为桥梁，与许多人混得特别熟。

下面就提供一些可用的现成因素，可以帮助我们拉近与别人的关系进行沟通。

第七章
感动顾客，让销售水到渠成

1. 用亲戚和老乡关系来搭桥

因为亲戚和老乡这类较为亲密的关系会给人一种温馨的感觉，从而有益于交际双方建立信任感。特别是忽然知道面前的陌生人与自己有某种关系，会有一种惊喜的感觉。故而，你要知道和对方有这类关系的话，在寒暄之后，不妨直接说出来，这样很容易拉近两人的距离，使人一见如故。

现在在一些大城市，一些老乡会、联谊会等组织都比较多，这些老乡会、联谊会就是通过老乡关系把所在同一区域的人召集在一块，组织起来。同时也可以通过老乡会来联络感情、相互帮助、加强交流。心理学家指出，每个人的潜意识中都有一种"排他性"，会对自己的或跟自己相关联的事物往往不自觉表现出更多的兴趣和热情；跟自己无关的则有一定的排斥性。所以，在交谈中这类关系的点出就使对方意识到两人其实很"近"。这样，无论双方的地位差距多大，都能较好地形成坦诚相待的气氛，从而可以打通初次见面由于生疏造成的心理上的"设防"。

2. 用共同的往事来搭桥

一群中学校友的中年人在进行同学聚会。王先生在跟一个高年级学长接触时的头一句话就是："有一年开学的时候就是你帮我安置床铺的。""是吗？"那个同学惊喜地说。紧接着两人的话匣子打开了，气氛瞬间就热乎了许多。那个高年级学长的确帮过我们许多人，不过开学初人多事杂，大多数人也记不得了。而王先生则恰到好处地点出了这些，让对方很是惊喜，也使两人的关系拉近了一层。

事实上，每个人都对自己无意识中给别人很大的帮助而感到高兴。在见面的时候如果能不失时机地点出，一定可以引起对方的极大兴趣。因此，初次见到曾帮过自己的人时，不妨当面讲出，一方面向对方致谢，另外可以在无形中加深两人的感情。

3. 用对方的外貌和姓名来搭桥

人人都对自己的相貌感兴趣，如果可以恰当地从外貌谈起就是一种很不错的交际方式。例如，有个善于交际的人认识一个沉默寡言的新朋友时，很巧妙地把话题引向这个新朋友的相貌上。"你和我的表兄长得太像了，刚才差点就认错了人，你们俩都是高个头，白净脸，有一种沉稳之气……穿衣服的品位也很像，深蓝色的西服……真的是很难分出你们俩了。""真的？"顿时这个新朋友眼里闪着惊喜的光芒。就这样，他们的话匣子打开了。

此外，对方的名字也是一个用来搭桥的好东西。

名字其实不只是一种代号，也是一个人的象征。在初次见面时可以说出对方的名字已经不错了，如果再对对方的名字进行恰当的剖析，就更上一层楼。比如一个叫"建领"的朋友，你可以谐音地称道："高屋建瓴，顺江而下，可攻无不克，战无不胜，真可谓是意味深远呀！"对一位名叫"细生"的朋友，可以这样称赞"随风潜入夜，润物细无声"。或者用一种算命者的口吻对他的姓名剖析，从而引出大富大贵、前途无量之类的话，这也是可行的。总而言之，适当地围绕对方的姓名来称道对方不失为一种好方法。

这样，通过生活中的细节或者是小事，就能搭建起一座桥梁，让我们顺利地把双方的关系拉近，而且不用我们费尽心机地表演。

第三节　心里装着顾客，站在顾客的立场

销售成功的秘诀就是如何把握客户心理的问题。只要你抓住了顾客的

需求，尽量让顾客感觉到你所推销的东西可以满足他的需求，这比起你花时间去宣传自己的产品或者忍痛降低价格的办法更加有用且实惠得多。

从顾客的角度思考问题并不是一件易事，尤其是当销售人员习惯从自身的角度思考问题，忘记了客户为什么会购买他们所买的商品；如果产品特性和顾客的现实利益同时出现在销售人员面前时，销售人员往往会选择关注后者。这时候，你与顾客的距离就更加的遥远了。如果你想成功，那么你首先务必要改变自己的思考方式，站在你的商店和你的员工的对立面——你像顾客一样注视着他们。

有太多的销售人员疲倦，失望，酬劳不足，徘徊在路上。这是什么原因呢？因为他们只关心他们所需要的东西，却不会注意到客户所需要的东西。人类的共性在于，我们都会只买自己需要的东西，因为我们所注意的，是怎样解决自己的问题。如果销售人员的服务和产品，能够帮助客户解决一个问题，客户就会买你的东西。但是遗憾的是，有很多人，费去一生的光阴在销售工作上，却从来没有站在买主的立场论事。

很多销售人员几乎都存在这样一种通病，就是在见到客户后，急不可耐地向他们推销自己的产品，迫不及待地想成交，生怕生意再飞走了。但是你不要忽视了，你这样做很有可能会引起客户的逆反心理，你越是急于求成，他们就越是犹豫不决。其实这时候，你可以换个思路，多为对方着想，站在客户的立场上说一些他们爱听的话，也许就能收到意想不到的效果。

有一个餐厅生意很好，顾客特别多，由于餐厅的老板年纪大了，想要退休，于是就把3位经理叫到跟前。

老板问第一位经理："先有鸡还是先有蛋？"

第一位经理答道："先有鸡。"

老板又问第二位经理："先有鸡还是先有蛋？"

第二位经理肯定地答道:"先有蛋。"

老板又问第三位经理:"先有鸡还是先有蛋?"

第三位经理认真地说:"客人先点鸡,就先有鸡;客人先点蛋,就先有蛋。"

老板笑了,于是任命第三位经理为总经理。

比尔·盖茨认为,站在客户的立场,设身处地为客户着想,是微软的行动目标,也是市场的需求。每一名员工都应该沿着这个目标去做。

你自己站在客户的立场上,就相对容易抓住推销的重点。其实,很多推销员对客户所持的态度,与我们所要求的设身处地为客户着想相比,还有很大的距离。

欧文·杨曾经说过:"一个人能设身于他人境地,能了解他人意念活动,他不必考虑到将来的前途如何。"反之,如果你不关心客户是做什么的,不懂得设身处地为客户着想的话,你就永远也不可能知道客人究竟想要什么,同时你所推销的产品或服务也很难让顾客认为是他们所需要的。对于一个不是自己想要的东西,换作是你,你会买吗?

站在客户的立场,为客户着想,首先要假设自己就是客户本身。你想购买怎样的产品和服务?自己真正需要的是什么?对售后服务有怎样的要求?

大家都知道,一般意义上的产品,生产商、供应商比比皆是,要想让客户认同你的产品并最终达成购买意向,那么你的产品质量、性能、功能等技术指标、质量参数就一定要符合满足客户的心理预期。想从众多的商家中脱颖而出,那么你在售前、售中做的各种宣传是必要的,在宣传的过程中要充分体现你的价格优势、质量等级、服务态度,做好你产品的社会人气、口碑的积累。

一般应在价格上给客户物超所值的感觉。档次高,做工精细的产品,价位相对要高。一般质量上要根据客户的性价比,做到有过之而无不及。把产品的质量把握好,使客户认同你的产品,是产品物超所值的又一关键,简单来说就是,质量是关键,价格优势得凸显,必要宣传得务实,所承诺的服务要兑现,售后保障服务更优先,这样的话客户自然会认同你的产品,自然会给客户一种物超所值的感觉。

你要知道,价格一定是买卖双方关注的一个焦点话题。每个人都希望购买到物超所值的商品,没有人会愿意在买卖活动中"吃亏"。下面就介绍3种让客户觉得物超所值的销售技巧:

如果客户说太贵了,有以下几种原因:

1.客户认为价格确实偏高;

2.客户知道其他家公司的价格要更低;

3.客户不喜欢产品,拿价格问题作借口。

如果客户认为价格过高的话。业务员首先要做的就是询问客户,为什么觉得价格太高。在询问的过程中要客气礼貌、要有技巧。客户的答案,也许出乎意料之外。一般是客户不清楚产品的价值,或是不知道自己要求的优惠有多少价值。也可能是客户所知的价格,是前几年的标准。然而,不管理由是什么,你的工作就是找出真正的原因!这样才能针对问题,解决问题。

如果顾客说其他供应商提供较低的价格。对于这种问题,首先,确定你和对手的各方面条件都不相上下。你的产品和其他公司产品的差别在哪里,客户很可能不了解。让客户了解你的产品的优点是什么,对照比较对方产品的缺点。必须让客户确实了解这一点。

有时候明明客人觉得我们的东西不错,服务也挺好,但他还是要比较一下,这就说明在顾客眼里我们的产品不是物超所值的。所以,我们在销售过程中一定要让客人感到他所买到的东西是物超所值的。如果顾客没

有感觉到物超所值的时候,也没有感觉到很实惠的时候,那么你的产品的价值感就没有塑造出来,你们是不会成交的。

第四节 聆听对方,每个人都喜欢被尊重

我们先看这样一个故事:

一位车行的销售员向一位老人滔滔不绝地介绍车的优点,他可以看出这位老人对车的性能非常满意。可是,老人却犹豫着没有买,几天过去了,销售员都没有等到老人过来。于是他给老人打电话询问原因。老人说:"我觉得你不尊重我,你只是对你卖的车感兴趣,对我说的话却一点兴趣都没有。"听了这话后,销售员才恍然大悟,老人多次提及自己的儿女很优秀,但销售员一心只想着赶快签合同,却没有搭理他。

作为一名销售人员要明白:销售,首先要学会尊重客户,而对客户的尊重就是聆听对方。

每个人都喜欢被他人尊重,受到别人的重视。当你专心地听,集中注意力地听,甚至是聚精会神地听时,客户一定会有被尊重的感觉,这样可以拉近你们之间的距离。

对于交谈内容而言,并不是包含许多有用的信息。有些时候,一些普通的话题,对你来说没有什么实际意义,但是客户的谈兴却很浓。这个时候,出于对客户的尊重,你就应该保持足够的耐心听顾客把话说完,千万不要表现出厌烦的神色。

据专家统计结果显示,一个人的说话速度大约在每分钟120~180字

之间，而人的大脑思维的反应速度远远比这个要快得多。因而在现实中你往往会遇到这种情况，客户的话还没有说完，或者客户只是说出了其中的几句话，你就已经知道他要表达的意思了。这时，由于了解了对方的意图，所以思想也就会不自觉地放松了，这种思维在外表上看来就表现为一些心不在焉的下意识动作和神情，以至于对客户接下来的言语"充耳不闻"。如果这时候顾客突然发问或者向你请教见解时，你毫无表情地缄默，或者答非所问，客户就会觉得十分难堪和不快，有种"对牛弹琴"的感觉，这样就会对接下来双方的沟通工作产生不利的影响。

推销员："××先生，通过对贵厂情况的观察，我发现你们自己维修花的费用比雇用我们还要多，是这样吗？"

客户："我也认为我们自己干不是很划算，我承认你们的服务一流，但你们毕竟缺乏电子方面的……"

推销员："对不起，请允许我打断一下……有一点我想说明，不管什么人都不是天才，修理汽车需要特殊的设备和材料，就像真空泵、钻孔机、曲轴……"

客户："是的，但是，你误解了我的意思，我的意思是……"

推销员："我明白您的意思。假如您的部下绝顶聪明，也可能在没有专用设备的条件下干出有水平的活来……"

客户："但你还没有明白我的意思，现在我们负责维修的伙计是……"

推销员："不好意思，现在等一下，××先生，一分钟就好，我只说一句话，如果您认为……"

客户："你现在可以走了。"

上述案例中，推销员三番五次地打断客户的述说，这是推销中的一大禁忌。如果采用上述这种对话方式，推销的结果是根本没有成功的希望的。

当销售人员集中精力倾听客户谈话时，客户可以畅所欲言地提出自己的意见和要求，这不仅可以满足客户表达内心想法的需求，也可以让客户在倾诉和被倾听中获得关爱和自信。客户希望得到人们的关心与尊重，而销售人员的认真倾听则可以使他们的这一希望得以实现。通过有效地倾听，销售人员完全可以向客户表明，自己非常重视他们的需求，并且正在努力满足他们的需求。

一位客人在头等舱里刚一落座，就开始对空姐的服务挑毛病。这一切被乘务长安妮看在眼里，她走近这位先生，先是倾听了对方对于报刊、配餐的种种不满后，紧接着非常有诚意地请教对方："先生，您见多识广，您一定坐过不少航空公司的班机。请教您一下，您觉得我们在其他方面还需要有哪些改进的地方？我们一定会努力做好的。"

这位难伺候的乘客在回答完安妮的这个问题后，渐渐平静了下来。他对安妮的表现非常满意，并表示以后还会坐这个航班，因为他相信有安妮这样的乘务长，航空公司一定会努力改善那些不足的地方。

其实，客户的话是一张藏宝图，顺着顾客的话我们可以找到宝藏。只有专心、用心倾听，我们才可以清楚客户所要表达的意思和完整的信息，让顾客感受到被关注、重视、理解和尊重的感觉。

第五节　给顾客一个"非买不可"的理由

一份坚定的承诺会让客户有安全感，这样就为客户提供了一个"非买不可"的理由。消费者为什么不购买你的产品呢，原因之一就是他们觉得购买你的产品或者服务时可能存在着以下风险：

1．这个决定是错误的；

2．金钱的花费；

3．物品不是物超所值；

4．对购买结果不满意，但是并不能得到补偿。

如果消费者要购买你的产品或者服务，他们需要克服以上这些风险。因此，帮助客户克服这些阻碍的方法之一就是，提供一个坚如磐石的、可靠的承诺书或保证书，使他们的购买行为没有任何风险，或者至少能够在最大限度上降低风险。

强有力的保证书可以帮助企业减少阻碍着客户和你达成交易的壁垒。企业给予客户一个今天非买不可的理由，同时让他们不用担心商品明天就出现问题。通过保证书把风险从买方处转移，你的业务就会取得成功。这样一来，大家就会这么认为，从你这里购买产品或服务既轻松又有趣，因此你的利润也会得到快速增长。

当然，提供任何产品或者服务都不是没有风险的，这一点可以理解，但是通过对产品或者服务的陈述并且宣传你的保证、你的承诺，商业风险就会减弱不少，并且可以提高潜在顾客对你的信任，从而加强他们从你这里购买的意愿。

通常说来，销售员们都害怕对客户作出坚定的承诺，因为他们觉得很高比例的顾客会就此提出质疑。据研究表明，销售员的这种想法是错误的。最多也就有1%～2%的顾客会就保证书和你进行理论。你可以问自己以下的问题：

1．前一个月，我现有的客户中有多少抱怨过我的产品或者服务？

2．去年这个数字又是多少？

3．有多少顾客曾要求退货，或是更换产品或者重新提供服务？你

会发现，如果你的产品或者服务的质量还能够接受，你听到的抱怨真的很少。

这样看来，认为你的顾客将会不断地就保证书和你理论的想法简直是个神话。人们往往都不是具有对抗性的，他们也不会没事找事。所以，销售员们可以放心大胆地在所有的营销宣传资料上显著地标明其无风险保证，这样做将会让企业的产品质量得到更多的关注。

下面我们讲解如何打造自己的承诺书，让你的市场营销计划如虎添翼：

1. 观察竞争对手

可以浏览黄页或者报纸来寻找其他商业承诺书。也可以跳出你所在的市场竞争范围，看看其他行业的例子。当你看完研究完，你看到了什么？在本行业是不是有很多保证书？你找到的是什么种类的？你发现了与众不同的承诺书，还是千篇一律的"保证您满意"的同类保证书？

2. 观察自身的实力

在你的业务中，你的强项在哪里？是善于快速安装，是擅长维护保持，还是对顾客的查询反应较快？你的产品或者服务是不是优质品质并可以一如既往？在当地，你是否能够提供最多的选择？你为消费者节省金钱了吗？找到你的闪光点。

3. 承诺的结果

假若顾客购买了你的产品或者服务后，他希望通过这次购买得到什么样的特殊结果呢？当顾客使用你的产品时，有利的影响是什么呢？好的人际关系？更多金钱？可以降低压力？将答案具体分类记录，然后承诺这些结果。

4. 选择合适的退款承诺

如果你想在承诺书上获得成功，你也想制作出一个具有吸引力的退款承诺，因为一旦有顾客不满意呢？事实上，它不会使你花费太多，但是在提高顾客认知度上却有很多的好处。

不需要任何理由，轻松退款承诺是个很好的开始。但是需要粉饰一下。

你要记住，并不是无理由退款的承诺是所有承诺中最好的。你应该超出顾客的期待，这样的话，他们才会深深地记得你。

5. 测试、跟踪你的实际结果

这是最关键的。当你的保证书成为市场营销计划永久的一部分之前，你要知道你所做的承诺效果如何。怎样得知效果呢？你可以在你投放广告的出版物中选择一家，一家就好，来为你的承诺做广告，或者可以在你的电话信息中播放，或者也可以在一套名片中印刷，或者还可以在给你的部分顾客群的信件中宣传。随后，就可以追踪结果。

你的销售量同比你在推出承诺书前的总量，增长了多少？务必要测试至少两组承诺书，找到最有效的。你可以在一个测试中，监控在 30 天之内的结果，而在另一个测验中，监控 90 天内的成果，一般来说，时间越长，越有效果。另外，你也可以试试使用终生承诺书。

6. 确定合适的承诺书

如果通过测验找到你认为合适的承诺，就公布给大家吧！将你完整的、书面的承诺书作为广告以及营销的一部分。在你的报纸或者黄页广告、网站、信笺等的抬头以及宣传册上显著地宣传你的承诺。

怎样确定你的承诺语是成败的关键。以下介绍的一些此类的词语或短语，也许可以为你的承诺增加一些活力：

1. 无条件的退款承诺；
2. 不用质疑，随时退款；
3. 我以个人名义担保；

4．30天的免费测试；

5．无须理论，保证退款；

6．钢铁般坚固的退款承诺；

7．百分之百的现场退款保证。

第六节 "打电话"百战百胜的诀窍

步骤一：打电话前

打电话前的准备工作十分重要，首先要知道我们要给客户传达的是什么信息，哪些信息有用，怎样传达给客户。其次就是我们产品的卖点是什么，哪一点最易打动客户，客户能从中得到什么利益。在传达信息的过程中会出现的潜在争执以及我们解决的对策。争执一般是围绕产品的价格、产品的质量、产品的售后服务，客户可得到的实际利益等。这时候销售员要坚守一个原则，即把所有的客户都想象成挑剔的，越挑剔的客户越想达成交易。至于相互间的争执，每个电话营销人员都会有自己的处理技巧，只要可以达成目的，就是好技巧，一切在变化中把握。最后，在打电话前再次检查一下与客户沟通过程中所要准备的资料是否备齐，例如有关产品的介绍、产品的报价、产品编码等。

步骤二：打电话中

第二步打电话中最关键的一步，成败就看营销人员与客户的沟通能力了。一个优秀的电话营销人员不仅可以很好地传达信息给客户，而且还能够认真地聆听客户的谈话和意见。由于很多营销人员在打电话时只想自己如何办好事情，结果听不进客户给我们的意见，因此就会错过客户的需求信息，所以打电话学会聆听很重要。

与顾客沟通的过程也是确认需求的过程，用事实和道理介绍产品，可以提高客户对产品的认识和兴趣，从而可以使客户作出购买决定。对于客户对产品提出的质疑，营销人员最好不要提出反对意见。因为人们都有一个通病，不管有理没理，当自己的意见被别人直接反驳时，内心会不痛快，甚至会被激怒的，特别是遭到一位从未谋面的销售人员在电话里的正面反对的时候。那么，就需要销售人员在表达不同意见的时候尽量委婉，尽量用"是的……如果……"之类的委婉语，有必要时可以注入一些幽默感。这样可以减轻不同意见的对立。

沟通的结果就两种情况：成交和不成交。如果成交的话，销售人员要对客户表达感激之情。营销人员还要学会做一个赞美或者表态式的结论。但是请记住，赞美一定要真诚、得体、发自内心；赞美并不是阿谀奉承。如果不成交的话，也不可翻脸不认人。毕竟俗话说"买卖不成仁义在"嘛。优秀的营销员会自始至终保持亲切的微笑，客户对于营销人员的态度，会留下很深刻的印象，可能你的下一次机会，就在这一次态度中。

最后说到的是，营销人员与客户沟通时的语气和语调。由于电话沟通不同于面谈，因此，营销人员的情绪直接影响通话的质量。通话时要保持一个好的心情是很重要的！此外，通过沟通我们也可以了解到客户属于哪种类型的，我们也就知道了该如何下手。

步骤三：打电话后

通过与客户的电话沟通，我们或多或少已经拿到了客户的相关资料。那么接下来，我们需要做好的就是跟进和维护工作了。你要知道成交仅仅是销售的开始，并不是结束。由于现在的市场不断成熟和竞争日趋激烈，企业应该着眼与客户互动与双赢，不仅要很好地适应客户的需求，而且要

主动地创造需求。当你打跟进电话给客户时,带给顾客的最好是些新的、有价值的东西,让客户觉得每次与你通话后都有不同的收获。需要跟进的客户大致可以分成三种:成交的客户、有意向的潜在客户、无意向的潜在客户。针对不同的客户要有不同的跟进策略。对于成交的客户,销售员要做的是如何提高客户的忠诚度;有意向的客户我们要寻找原因,为什么客户迟迟不肯下单;无意向的客户我们也不能放弃,我们可以通过多种形式与客户保持联系。当他们的需求自发产生的时候,就能主动地找到我们。

电话营销需要未雨绸缪,理解了这三个步骤,提前安排好每一步的工作,销售员才能不为突如其来的难题困扰!

第七节 面对拒绝,巧妙接近

接近客户,与客户的第一次接触对于新销售人员来说,无疑是一个很高的门槛。而这个时候也是最容易被客户拒绝的,没有好的接近方法,新的销售员就很难获得与客户交谈的机会。面对客户时,想减少拒绝或者避免被拒绝,销售员不妨试试下面的接近客户的方法:

1. 他人介绍法

就是通过他人的帮助来接近客户的方法,这种方法是有一定的效果的。这一方法采用的是社会学中的熟识与喜爱的原理,意思是说,人们往往会愿意答应自己熟识与喜爱的人提出的要求。采用这种方法接近客户的成功率高达60%以上。这种方法分为他人亲自引荐和他人间接引荐两种。他人间接引荐包括电话、名片、信函、便条等形式。当销售员拿着别人的间接介绍信物拜访新客户时，要谦虚，不可居高临下，更不要炫耀与介绍人之间的关系如何密切。

2. 利用事件法

把事件作为你接近顾客的契机和理由。这些事件可以是销售员自己企业的事件，也可以是客户的事件，也可以是社会上的事件。比如庆典、酬宾、开业典礼、周年活动、各种节日与节日活动、奥运、高考，甚至是自然灾害、危机事件，等等，这些都是接近客户的时机与素材，当然事先了解客户的资料背景以及社会偏好很重要。例如新销售员知道客户是××学校1998年毕业，他们正在筹备同学会，客户是当年同学中的活跃分子。这样就可以以同学会为理由接近客户。

3. 调查接近法

销售员利用市场调查的机会接近客户。它不仅可以帮助企业了解客户需求的状况，又可以借调查的机会扩大企业产品的知名度，可以进行宣传，更可以为销售员提供接近客户的理由。采用这种方法，对于企业来说，可以借此提高销售员的专业知识。

4. 问题求教接近法

销售员可以请客户帮忙解答疑难问题，或者直接向客户提问的方式来接近客户。这种方法主要是利用了人类好为人师的这个特点。在用这个方法的时候需要注意，一定要问对方擅长回答的问题，以及在请教之后及时把话题导入有利于促成交换的谈话中。例如，新销售员可以这样说："我们厂生产的账册、簿记比其他厂的产品便宜一些，而质量也比它们的好，这对贵公司不降低质量前提下减少成本来说，是一个机会，可以给我5分钟的时间一起交谈吗？"

5. 服务接近法

销售员通过为客户提供有价值以及符合客户需求的某项服务来接近

客户。具体的方法有：咨询服务、信息服务、免费试用服务、维修服务等。采用这种方法的关键是服务是客户所需要的，并与所销售的商品有关。例如，可以这样说，李老师，听王主任说，您最近正在研究××疾病的药物经济学问题，我带来了一些这方面的最新资料，不知道我们可不可以花10分钟的时间一起来探讨它呢？

6. 社交接近法

就是通过走近客户的社会交际圈来接近客户。比如，客户加入健康俱乐部，销售员也随之加入这家健康俱乐部；客户加入了某社会团体，销售员也马上加入这一团体。从这一方法引申出来的是，比如在外地旅游碰到客户，接近客户时的交谈，不要开门见山地推销产品，而是尽量先与客户形成和谐有缘的人际关系。

如果我们在刚接近客户的时候就遭到客户的拒绝，交易就会谈不下去，更别说是成交了，所以，我们在接近客户前就要做好功课，用巧妙的方法来接近客户，让客户一开始就没法拒绝我们，这样的话，交易才能继续下去，成交的可能性也会更大一些。

第八章

感动员工，管人就是管心

第八章
感动员工，管人就是管心

第一节　巧妙激励，让团队有活力

人格魅力是一个人在性格、气质、能力、道德品质等方面具有的能吸引人的力量。在如今这个社会里一个人能受到别人的欢迎、容纳，他实际上就具备了一定的人格。这种魅力是职业管理方面的一种潜在力量，有时就决定了企业管理的成败。对于企业的硬件设施、科学技术等，这种魅力是作为企业竞争中的软实力，是企业领导者无形的资产。

魅力要求管理者能够洞察和容忍下属的失误，同时可以给予下属充分的信任，还要有勇于决策的胆识和魄力……因为有魅力，才有了商业界一个个不同的神话，他们能在企业走向毁灭的时候，挽救一切；能辅佐弱小的公司壮大发展。

从事管理工作的人都会明白：获得下属的拥戴，管理的有效性才会更强。事实上，下属拥戴的不同程度，也直接影响到管理有效性的强弱。这是普遍的一种现象，就这种现象而言，是否能获得属下的拥戴，已经成为每一个管理者面临的重大课题。

与西方的企业管理相比较，中国企业管理中的伦理色彩更为浓厚。为什么会这样呢，原因就是中国文化是典型的群体文化。在这种文化背景下，被管理者对管理者的要求会很高，所以，在中国的企业里从事管理，下属能否拥戴上级，对管理有效性的决定意义特别显著。

管理者不管在什么情况下都应该是积极向上、充满热情的。没有人会

愿意拥戴一个消极的上级。虽然管理者也会郁闷、也会烦恼、也有牢骚和抱怨，但是，这些都必须埋在心里，绝不能让下属知道。当然，在需要的时候，可以让下属看到，但那是作为一种管理的手段，是故意的。

曾经看到过这样一个故事：

从前有一个牧羊人，他放牧的羊群常常会死掉一些羊，不论他采取怎样的措施，每年总要死去一些。为此，他向一个朋友请教，朋友告诉他，可以引进几只狼试试，他听从了朋友的建议。没有想到的是，就此以后羊的死亡率大大降低了，为什么在羊群里放进几只狼，就可以减少羊的死亡率呢？原来，因为羊和狼是天敌的关系，当狼进入羊群后，羊为了活命，就会拼命地奔跑，在跑的过程中，激发了自身的生命力和免疫力，从而自身的活性增大，减少了死亡率。

类似的故事还有一个：

在日本，有很多渔民每天都出海捕捞鳗鱼，但是因为船舱很小的缘故，等人们回到岸上的时候，鳗鱼大部分都已经死掉了。可是，死鱼是卖不上好价钱的。但是，却有一位老渔民每次回来时捕的鳗鱼都活蹦乱跳的，所以，他的鳗鱼总是能卖出好价钱，时间长了就成了富翁。其他渔民都不理解，为什么船舱和捕鱼的工具都是一样的，他的鳗鱼就不会死呢？直到这个渔民临死前才把秘密告诉给他的儿子，原来他在装鳗鱼的船舱里放了一些鲶鱼。因为鳗鱼和鲶鱼天生好斗，鳗鱼为了对抗鲶鱼而拼命反抗，生存的本能就被充分地调动起来，所以在上了岸之后大多能活下来。而没有放入鲶鱼的鳗鱼呢？因为缺少斗志，也就坐以待毙了。

以上两个故事告诉我们同一个道理：如何才能调动团队成员的内在动力，怎样才能避免下属"当一天和尚，撞一天钟"的消极态度；怎样才能有效激发下属的斗志，而避免成为"休克鱼"。那么，作为团队的管理者，怎么做才能有效地激发团队的活力呢？

第八章
感动员工，管人就是管心

许多企业的营销管理者，常常会告诉我们这样一个事实：他的下属没有激情。其实，如果管理者忽略了对下属的管理与激励，团队成员容易得过且过，优哉游哉地过着日子，也就感觉不到外在的威胁。在这种情况下，团队都会慢慢地失去斗志、失去工作的驱动力，最后团队也会慢慢地失去战斗力。

所以，作为企业的高层管理者，很有必要在团队"疲软"之前，适时引入一些"狼"进来，好让一些"休眠"的员工"醒来"。例如，通过引入具有"狼性"的员工进来，这些"外来人"就可能会成为老员工的潜在威胁，可以让一部分人不至"沉迷"、"陶醉"太深。通过引入新人，也就是为团队注入了"新鲜血液"，可以保持团队持久的活力。

竞争机制是团体保持活力的必要步骤。其实，管理就是引入了竞争机制，主要是让大家互相赶超，并让付出与收获成正比。因此，管理者要想不让下属成为"温水里的青蛙"，就非常有必要引入竞争机制，让大家在同一个平台上体现能者多劳，能者多得，多劳多得的原则。

巧妙的激励，可以激发团队的活力。一个没有竞争力的团队，就没有活力。想要让团队有活力，还必须要巧妙激励。激励分为正激励和负激励两种方式，而对于那些有经验的管理者，总是会多用正激励，少用负激励的方式，来最大化地调动员工的积极性。

韦尔奇在任通用汽车公司的CEO的时候，总结出激发下属的"活力曲线"。他把员工分为三类，分别是明星员工、活力员工和落后员工。其中，占所有员工中的10%是明星员工，对这些员工，他会采取"加薪、加心、加信"的正激励；而活力员工，大约占到全体员工的80%，他要求他们上进、上进、再上进；剩下的10%是落后员工，对他们是裁员、裁员、再裁员。韦尔奇的逻辑理论是——企业是不会向员工承诺终生就业，但是会努力让他们拥有"终生就业能力"。

"韦尔奇活力曲线"说透了就是抓两头放中间,即抓先进和后进,以此来带动中间。很多集团公司的管理者在每月月末总结会上都会让一些做得优秀的营销人员上台介绍成功经验,同时,也会让个别做得差的员工在上台分享失败的经历,通过树立正反榜样,来激发大家赶先进,总结教训,让全体员工都能不断地提高。

俗话说得好,"仁者乐山,智者乐水",人类渴望"仁者",向往"沉稳"。一个人的内心如果非常沉稳,给人的感觉一定是十分镇定、冷静而且坦然。

如果问世界第一大汽车制造商是哪家公司的话,在当初大家一定会说是美国通用汽车。美国通用在世界第一这个宝座上待了多长时间呢?截至2006年,通用已经连续76年占据全球最大汽车制造商宝座。但是,在2007年的春天,日本丰田公司超过了美国通用成为季度销量全球第一。听到这个消息,通用的总裁瓦格纳只是说了这样一句话:"暂时的超越又不是世界末日。"看到了吧,因为个性沉稳,遇到公司危机,他才不会惊慌失措。

这是句意味深长的话,确实如此,暂时的超越并不代表着丰田已经真正超越通用!

沉稳的人碰到市场出现逆转的状况,不会丧失斗志、无计可施。作为世界第一大汽车公司的总裁,凭借着30多年在汽车界的声望与历练,瓦格纳先生展示了临危不乱、镇定自若的沉稳,使得美国通用在与日本丰田争夺世界第一宝座的时候,临危不乱。

沉稳的人,在面对重要的投资决策时不会草率从事。近年来有这样一种现象:面对我国经济的腾飞,国内的企业家都非常兴奋,都想要大干一场。我们知道这种想法是好的,不过大家有点过于浮躁。沉稳的人是不会看到机会就兴奋异常,更不会在发展过程中急躁冒进。

第八章
感动员工，管人就是管心

在 2005 年的时候，盛大巨额亏损。前一时段，盛大并购韩国 Actoz 公司的时候，付的可是现金，初衷是为了解决版权问题，其实，游戏版权是由 Actoz 及其参股子公司共同拥有，而且等到买来了盛大才知道，盛大著名的游戏《传奇》不是它设计的，而是它的母公司设计的。

当初的韩国 Actoz 是股价下滑的公司，但对于盛大最糟糕的是，韩国的创始人拿了钱，带着一些精英跑掉了。这样，盛大没有了掌握技术研发能力的核心团队，那么高科技公司的控股权就变得没有任何意义，相当于买了一个空壳子。可以说，盛大当年亏损五六亿元人民币很大一部分的原因就是这一次的失误。

我们可以理解，很多企业都希望做大做强。为了做大做强就去不断兼并其他企业，但有没有人想过并购这一决策真的正确吗？另外，最近国内有很多经营者发现，当企业发展到一定程度就会面临"瓶颈"的问题，于是就开始转做其他副业，开始搞多元化发展，但有没有人想过这个策略对吗？

把一家不太好的公司买进来并把它建设好，需要具备相当的能力，但我们国家的很多企业家欠缺经验，或者说是中国企业家与国际接轨的经验不足。中国在海外的并购案中，其中也有不少都出现了问题，除盛大并购韩国 Actoz 外，还有明基并购西门子手机、TCL 并购法国汤姆逊、上汽集团并购韩国双龙。

上汽集团的汽车销量当初是居于全国首位的，但如果把轿车跟卡车一起计算的话，那么长春一汽就成为排名第一。由于上汽集团不太擅长做休闲旅行车，于是，上汽集团希望收购韩国双龙汽车公司，以弥补休闲旅行车的不足。2004 年的时候，上汽集团以 5 亿美元购买了韩国双龙汽车公司 48.9％的股份，成功控股这家韩国汽车制造商，这也成为上汽集团在海外最大规模的并购项目。

可是上汽集团买下来后发现，韩国双龙汽车公司是一个烫手的"洋山芋"，带来的贡献还谈不上，可麻烦却接二连三地出现。2006年，在入主双龙一年半以后，上汽集团在韩国遇到了最大的挑战——长达49天的工人罢工。在这场名为"玉碎行动"的罢工中，工厂的大门被工人们严严实实地堵住了，甚至有数百名狂热的工会会员以激进方式游行抗议。罢工的原因是，工人们听信了谣言，都认为上汽集团没有在韩国长期投资的打算，等到把核心技术和人才转移到中国后就让他们自生自灭。这次罢工使上汽集团遭受了不小的损失。

当时胡茂元是上海汽车集团的掌门人，也是中国企业家排行榜上的座上客。但是，在收购韩国双龙汽车公司的时候，胡茂元并没有全面权衡，特别是对韩国国情和民族感情估计不足，以致产生失误。

在这里我们给出的建议是，主动要求并购，或者你一开口就马上点头答应的公司千万不能买，因为这样的公司通常都有或多或少的棘手问题。就好像你对一个女孩一见钟情：嫁给我好吗？她的回答是：OK！什么时候？要不要明天？这个时候，你也会犯嘀咕：怎么会答应得这么快……对于重要的投资决策，领导者绝对不能草率行事。

第二节 树立榜样效应，管理好"自我"

榜样效应主要是指领导以身作则，下属就会自觉追随。著名管理学家帕瑞克所说过这样的话，"除非你能管理'自我'，否则你不能管理任何人或任何东西。"你要知道，示范的力量是惊人的。作为一个管理者要想管

第八章
感动员工，管人就是管心

好下属必须以身作则，从严格要求自己开始，做到"己所不欲，勿施于人"这种状态。当通过表率树立起在员工中的威望，大家会上下同心，大大提高团队的整体战斗力。正所谓得人心者得天下，做下属敬佩的领导将使管理事半功倍。

良好的管理行为可以赢得下属的尊重，如果管理者对于自己的不良行为不重视的话，往往会对下属造成严重的伤害，那么什么样的行为属于管理中的愚蠢行为呢？怎样才能管好自己的行为呢？

负面教训之所以会让人印象深刻，主要是因为最有益的经历往往是那些能真正触动你内心的东西。经理人常常会深陷到"老板"这个角色中，从而会忽略对下属的关注。曾经担任过教授的约翰森，之后担任过一家广告公司的联合总裁及负责银行市场推广的高层管理人员。在 2006 年年初他开始掌管人力资源服务公司 Kelly Services。下面是他关于培养良好的管理行为的几条重要建议：

1. 一定不要当众让员工出丑

约翰森曾在一家硅谷企业担任顾问的时候，这家公司的企业家以能让合作伙伴发财、也爱当面呵斥他们而"闻名"。在一次会议上，这位企业家对一位很具有才华的经理人提出的方案大加攻击："这是我一辈子听到的最愚蠢的想法"，"我对你简直太失望了。"那位经理人就因为他的话而沮丧了好几个小时，这使他原有的自己是管理精英的感觉从此之后彻底消失。

2. 闪电式决策可能是错的

做老板的就应该行动迅速。他回忆道，他以前在一家公司的上司经常在一个小时内将一周要作的决定全部敲定。于是，当约翰森在 1995 年加入这家公司之后，也尽力效仿这种做法。当时，他迅速拒绝了合作伙伴提出的将业务多样化、开展招聘及派遣代课老师业务的建议。"我有六个充足的理由可以证明我们为什么不应该那样做",他说。"我当时比较关注的是那么做的风险。"后来他的下属们又曾五次提到这个建议,约翰森最后改变了当初的决定。事后他才发现,一位怀有良好初衷的老板也有可能掉入"认为自己无所不知的陷阱"。

3. 不要设定不可行的期限

约翰森曾在 Sun 电子计算机公司担任高层管理人员,那时候他曾对一位将"最后期限"看得高于一切的上司感到非常沮丧。他说:"人们往往很难分清什么是重要的事。"但是,类似的错误最终是在约翰森担任经理之后。他曾经为了一个新产品的发货期要求而持续不断地对一个团队施加压力,以至于他们不会再寻找这个新产品存在的缺陷。面对巨大的时间压力,"所有人说的话都是你想听到的话",他评论道。"我当时并没有意识到问题有多大。"他希望打消团队成员的疑虑,并表示他很愿意听到真实的情况。"但是我花费了好几年的时间才重新获得他们的信任。"他说。

4. 尽量避免占用下属的私人时间

约翰森在早期的职业生涯中遇见了一位很有才能、雄心勃勃的老板。这个老板每周日下午都要举行长达 3 个小时的员工会议,只是为了显示自己比公司内部的竞争对手更加强硬。约翰森说,老板的这种做法只会让所有的员工感到不快。现在,约翰森在工作时间外打扰员工之前都要先问一下自己,我这样做是否有必要。"如果大家明白你努力尊重他们的私人空间,他们会在工作时间内更加努力地工作。"

5. 要记住"看法"就是现实

约翰森还是一名销售代表的那个时期,他的负责人把最好的销售区域给了一位大家都认为表现并不好的销售员来进行销售。这位销售员就是靠讨好老板而获得了可以超过其他人的业绩。约翰森说:"就因为这件事,我很快地换了工作。"当约翰森成为 Kelly 的首席执行官之后,有一次他听到一位员工抱怨说:"大家都认为某某是你最喜欢的",他听后十分惊讶。约翰森认为自己从来都没有根据个人喜好来决策,但是他意识到,他必须很注意自己对待每个人的方式以及他所营造出来的工作氛围。他不得不承认,哪怕是很好的老板也很难站在别人的角度来考虑问题。

其实在实际的管理中要注意的不仅仅是这些。伟大的管理学家凯茨·德里弗斯曾经归纳了 15 种典型的愚蠢行为,下面我们来一一介绍。

1. 天生喜欢引人侧目

这种人为了自己的理想,可以奋斗不懈,在稳定的社会或企业中,很快表明立场的总是他们,觉得妥协就是屈辱,假如没有人注意他,他们会使出浑身解数,直到有人注意为止。

2. 专横跋扈

这种人往往会对下属实行专制,是导致行政行为失败的重要原因。例如,一个叫龙向阳的人是一个银行行长,他平时对下属非常专制。银行里的任何事情他都要管,甚至是在行长会议上决定了的,一到全体员工大会上,他就给变了。他在外面喝酒,有人只是随便说了一句,说他管不住职员A。回去后,龙向阳马上免了职员A的职务,把他下放到保卫科去。这样的事情发生得多了,整个企业变得死气沉沉。

3. 事无巨细,一管到底

这种管理者常见于家族企业,任何事情都要亲历亲为,都要管理到位。这种方式在企业的创立阶段也是行之有效的,但是等企业发展到了一定的规模,这种方法就不行了。这也是许多企业在初期发展快,但是到了一定程度就上不去的主要原因。当一个企业只有十来个员工的时候,老板是可以面面俱到的,但发展到了 100 人、1000 人呢?资产值到了 1000 万元、5000 万元、1 亿元呢?单纯的功能管理必定没有什么效果了,甚至是有害的了。

4. 躁狂管理

最主要的表现特征是努力工作，而不是聪明地工作。虽然他们精力旺盛，热情高昂，但却不知道自己在做什么。他们只注重组织内的事情，从来不关注外面的世界。

5. 轻视下属

显著特征是自认为高人一等，自以为是，不把下属放在眼里，不明白下级的重要性和价值，对下级不尊重，不给下级面子，高不可攀的领导就是那些领导高高在上的意思。这种类型领导的特点是与下级隔绝，下级连找到他们都困难，更不用说在一起研究工作了。在历史上，有一些国家的领导人，通常会把自己封闭起来，所有的指示和政令都是通过工作人员来传达。你要知道这样的结果是很危险的。

6. 压制下级

这种领导只关心自己，完全不顾及别人。他们会尽力阻止下级闪光、出成绩，甚至可以把下级的成绩揽到自己的名下。现实生活中很多员工都会遇到这样的领导，结果就是大家干脆采取消极的方式，应付了事。现行的行政体系就是这样的体系，下级做的事情，上级可以毫不客气地据为己有。

7. 拒绝沟通

特征是不愿意或很少与下级交流或沟通，因此就不会从下级处获得信息及好的工作建议。对同事不会信任，就会产生不安感。组织里充满这两种因素，是很危险的。一个在这里工作的人，是得不到任何好处的，最好是赶快离开。请切记：当你发现骑着的是一匹死马的时候，最好就是赶紧下马。

8. 被困难绳捆绑

他们是典型的悲观论者，常常会杞人忧天。在采取行动之前，会想象一切负面的结果。如果让这种人担任主管的话，遇到事情就会拖延，按兵不动。因为太在意羞愧感，所以会担心部属会出状况，让他难堪。这种人需要不断地训练自己，在考虑无论什么事情时，必须控制心中的恐惧，让自己变得更有行动力。这种人总是在怀疑自己决策的正确性——我做的决策到底对不对？

9. 不懂装懂

工作中不懂装懂的人，总是喜欢说：这些工作真无聊。但他们内心的真正感觉是：任何工作我都做不好。他们希望年纪轻轻就功成名就，但是他们却不喜欢学习、求助或征询意见，因为这样做的话会被人认为是他们不胜任这份工作，所以他们只好装懂。而且，他们还往往要求完美却又严重拖延工作，最终会导致工作严重瘫痪。

10. 管不住嘴巴

有的管理者不知道什么话题可以用来公开交谈，什么内容适合私下说。这些人往往都是好人，没有心机，但在讲究组织层级的企业，这种人最管不住自己的嘴巴，只会断送自己的事业生涯。最好的方法就是他们必须时刻提醒自己什么话该说，什么话不该说。

11. 疏于换位思考

这种人完全不了解人性，不了解恐惧、爱、愤怒、贪婪及冷悯等情绪。这种人在通电话的时候，往往连招呼都不打，直接切入正题，缺乏将心比心的能力，他们想要把人的情绪因素排除在决策过程之外。这种人很有必要为自己做一次情绪稽查，了解自身对哪些感觉较敏感；可以向朋友或同事问问题，是否发现你忽略别人的感受，搜集自己行为模式的实际案例，改变自己的行为。

12. 逃避矛盾

这种领导最显著的特点是遇到矛盾绕着弯走，做老好先生。好像《三

国演义》里的那个水镜先生司马徽,总是说好话。不管别人在说什么,都回答:"好!"一次,有人告诉他一个噩耗,说某某的妻子死了,他听了之后,说:"好!好!"现实生活中有些领导就是这样,对什么事情都做好好先生,从来不发表自己的看法。他想对每一个人都好,总想取悦于每一个人。所以对一切都采取妥协的办法,这样的话最终是要出问题的。如果是企业中存在这种领导的话,那么这个企业必然要垮掉,如果是行政机构,那就干不成任何创新性的事情。大家的积极性也会受到打击,整个单位无精打采,虽然表面是一团和气,但实际上是支离破碎。

13. 非黑即白看世界

这种人眼中的世界不是黑的就是白的。他们一直相信,一切事物都像有标准答案的考试一样,客观地评定优劣。他们觉得自己在捍卫信念、坚持原则。其实,这些原则在别人看来根本不以为意。结果,这种人只是在孤军奋战,而往往是经常战败。

14. 无止境地追求卓越

这种人要求自己是英雄,同时也要求别人达到他的水准。在工作上,他们要求自己与部属更多、更快、更好。结果是他的部属被这样的领导拖得精疲力竭,大家都采用离职的方式表示抗议,造成企业的负担。

15. 强行压制反对者

这种领导言行强硬,毫不留情,因为常常会横冲直撞,不知道绕道,最终可能伤害到自己的事业生涯。

第八章
感动员工，管人就是管心

第三节　重视氛围管理，每一个人都值得尊重

工作氛围可以分为两种，一种是环境氛围，一种是人文氛围。环境氛围是指由办公空间的设计、装饰等营造出来的感受，人文氛围主要是指周围团队成员言行举止的传播影响，二者相加会让员工的能力产生化学反应，结果就是工作的表现也许会大相径庭。

有人曾在网络上发布了谷歌公司总部的办公室照片，在照片上看这个办公场所简直就像一个度假村，有自助的食品饮料吧台、台球桌、按摩室、理发厅、游泳池、员工子女看护间，工作区域还有舒服的躺椅、灵感涂鸦墙、各种各样的健身器材和玩具，等等，这相当符合ＩＴ巨头谷歌崇尚自由和高度创新的企业文化，可以想到，员工在嚼着巧克力享受按摩师的服务的时候，灵感很容易就会找上门来。举这个例子的意思并不是所有的企业都应该像谷歌一样，只是建议企业要在办公室布置上作出符合企业所属行业的风格来，在人文氛围上可以作出能正确引导员工行为的企业文化来。

尊重是人的心理需求。我们都知道"80后"员工是脆弱而又敏感的一代，他们做事喜欢张扬，可是内心又想赢得别人的尊重，尤其是上司对他们的尊重，因此，作为领导，要尽可能地给他们提供一个宽松、自由、开放、独立的工作环境，以体现对他们的尊重。例如，让他们独立去开发一个市场，只是给一些指导性的意见，不指手画脚、评头论足，对于一点点的进步，可以及时地给予表扬和肯定，即使犯错了，也要委婉地"关起

门"来批评。同时,作为企业和管理者,要愿意为员工成长而走的弯路买单,这样才可以让他们快速成长。

领导者要平等对待员工,让他们有"家"的感觉。管理者如果真的想要留住人才,在和员工一起的时候,可以不只是上下级关系和工作关系。在工作之外还应该有同情共感、痛痒相关的关怀,也可以在工作之余进行共同娱乐。总的来说,管理者要明白只有把员工当作家庭成员对待,才能实现成功的管理,而与员工打成一片的最简单方法就是实现平等管理。

在管理中,平等只是指老板和管理人员一视同仁,使员工们在同等的情况下感受到相同的待遇,而且还指老板、管理人员与员工相互平等。对员工的尊重和信任是企业管理的核心内容,而这核心内容之首就是要求平等。

你要知道,企业管理是对人的管理,老板也应是"人",人与人之间虽然存在职务的不同,但都具有平等的人格,都应该受到尊重。我们应该讲究人本思想,像欧美企业的老板那样,以"人"的形象站在员工面前,以平等的身份与员工共处,员工们必然会喜欢你,从而不愿意离开公司。

第四节 "信":商人最重要的素质

诚实守信是做人的根本。诚实,是指要诚实待人,以真诚的言行对待他人,要有同情之心,严格要求自己,言行一致,表里如一。守信,指的是讲信用重承诺,一诺千金,言必行,行必果,犯错误的时候要勇于承担,遵守诺言、不虚伪欺诈。"言必行,行必果"、"一言既出,驷马难追"这

第八章
感动员工，管人就是管心

些流传千古的语言，都表达了做人应该具有诚实守信的品质。我们可以归纳为：有诚信的人面子上有自尊，目光里有自信，行动中有把握，生活中有朋友。总的来说，诚信对我们成长发展都有着举足轻重的作用，它是我们人生前进路上的长明灯。

谈到事业成功的秘诀，每个人都有着自己的看法。例如时机、资金、信誉，等等，李嘉诚虽然也看重这些，但他却有自己的理解，他把诚实当作自己成功的第一要诀。我们不妨回顾以往，李嘉诚在许多重要的关头，都以诚实作为第一要则。

一次是李嘉诚在准备辞去塑胶公司的工作而自己创业的时候，在辞职的时候对老板这样说："我之所以离开公司，是打算自己办一间塑胶厂，我难免会使用在你这里学到的技术，也会开发一些同样的产品，现在塑胶厂的形势是遍地开花，我不这样做，别人也会这么做的。不过请您放心我绝不会把这里的客户带走，用你的销售网推销我的产品，我会另外寻找新的销售线路。"而且李嘉诚正是怀着愧疚之情离开这家塑胶公司的。

还有一次是李嘉诚代表自己的工厂与外商谈生意的时候，对方要求一定要拿出担保人亲笔签字的信誉担保书。但李嘉诚找不到担保人，所以他对批发商说："我不得不坦诚地告诉您，我真的是找不到殷实的厂商为我担保，十分抱歉。"最终他的诚恳执着打动了批发商。批发商说道："李先生，我明白你最担心的是担保人，我已经为你找好了担保人，你不必为此事担心了。"李嘉诚愣住了，心想哪有由对方找担保人的道理？批发商微笑道："这个担保人就是你。因为你的真诚和信用。"接下来的谈判在轻松的气氛中进行，很快签了第一单购销合同。按协议规定，批发商要提前交付货款，这就基本上解决了李嘉诚扩大再生产的资金问题。而且这位批发商主动提出要一次性付清所有货款，可见他对李嘉诚做人的诚实及信誉是充分信任的。

李嘉诚在30岁的时候就凭借自己的努力成为富豪,对于他来说,商人最重要的素质是"信"。事实上,李嘉诚对事业上的"信"与他对人的"诚"是分不开的,诚信二者结合,就是"义"。从对子女的教育上就可以看出一个人的为人和心中的想法。李嘉诚坦言说:"以往99%是教孩子做人的道理;现在有时会谈论生意,大概1/3在谈生意,2/3教他们做人的道理。其实世情才是大学问。每一个人都很精明,要得到别人的信服并喜欢和你交往,那才是最重要的。"

做生意也要讲求信誉,靠诚信赢得赞誉和认同。有人会认为这样做会吃亏,但是你要以诚待人、以信誉求发展,最终会得到长久的利益。靠欺诈、蒙骗等手段赚取的不义之财,虽然短时间会尝到一点小甜头,但最终会遭受更大的损失。

诚信是人生的宝贵财富。微软在雇用员工的时候,被列在第一位的是一个人的职业道德。与智慧、经验等因素相比,微软认为人品最重要。"只有雇用到值得信任的员工,我们才会给予他充分的自由度。"微软在解释"职业道德"时,用了3个词汇:正直、诚实、值得信赖。

在茫茫的辞海中,"诚信"只是大海中的一粟,即便是这样也不要小看它。诚信在治国兴邦,建功立业,以致为人处世等方面都是至关重要的。

"诚信"是立国之本。国家兴亡与诚信密切相关。古代秦国的商鞅变法,以"立信为本",取信于民,结果得到百姓的支持,秦国由此而强盛起来。汉朝的开国皇帝刘邦重信用,招纳张良、萧何、韩信等杰士,结果夺得了天下。

"诚信"是兴业之基。一个企业,要想做大做强,就一定要恪守"诚信为本"的原则,要处理好企业与职工、与客户、与政府等方方面面的关系。这些关系的协调,都有一个前提,那就是"诚信"。

"诚信"是立身之道。"人以诚为本,以信为天","人无信则不立",

这是数千年前思想家孔子对我们的教诲。在人与人的交往中，最基本的一条就是诚实守信，只有这样，路才会越走越宽，朋友才会越来越多。我们的一生中会有许多东西随着时间的流逝而不再鲜泽，比如健康、美貌等，金钱更是身外之物，唯独只有"诚信"的品格才"愈陈愈醇，愈陈愈香"。

第五节 善待下属，管人就是管心

作为企业的领导者，你可以在紧张的工作之余走出办公室，到下属那里转一下，去拍拍他们的肩膀，或者递上一支烟，关心一下他们的工作和生活。不论多忙，一定要坚持定期抽出时间与下属进行沟通交流，比如可以召集一些下属中午和你一起吃盒饭或者喝个下午茶，可以采取面对面的方式去和他们沟通。只要你用心了，坚持下去的话，一段时间后，下属的工作积极性就调动起来了，就会有你意想不到的收获。

上面所说的是情感管理，但是进行情感管理还有一些技巧和方法需要遵循。在现代社会的职业环境中，贴近下属的内心生活显得越来越重要，但如何去做好这些，以此来激发下属的积极性。管理学家给我们提出了以下几条建议。

要尊重和认同你的下属，也是情感管理中最重要的。在现代企业中，员工的自尊心都比较强，希望被尊重和认同成为他们工作是否快乐的最基本要素。作为公司的领导要衷心地让下属感受到你很重视他。奥地利著名心理学家阿德勒曾这样说过，"人类本质中最殷切的需求就是渴望被肯定"。在工作中，管理者要经常给予下属最真诚的认同和肯定，要让他们

感受到来自上面的重视并且是时刻的，当他们有了一定的成绩，也要让员工感觉到自己的上级是重视自己的，这样下属就会有更高的工作激情。

另外，在一个现代的企业中创造一种沟通无限的工作氛围，也是非常重要的。现代企业应该尽量营造一种自由开放、人人平等的氛围，除了正规的交流途径之外，要鼓励各种自发、非正式的交流沟通渠道。这将会减少下属之间、部门之间的误解和隔阂，从而形成一种积极而和谐的人际关系，最后可以增强企业的凝聚力和创新能力。

1990年2月，克莱斯勒的机械工程师阿诺德·汤姆在领工资时，发现他的工资少了300美元，他找到顶头上司说明这件事情，可是上司也无能为力，于是他就给公司总裁写了一封信，总裁认为这不是一件小事情，他后来说道"我们总是员工的报酬出问题。这已使很多的优秀人才感到失望了，而现在这种情况不能持续下去了"。于是立刻责成最高管理部门妥善处理此事。

几天之后，他们补发了汤姆的工资，到这里事情似乎可以结束了，但他们在这件为员工补发工资的小事上大做文章。第一是向汤姆道歉；第二是借助此事了解哪些"优秀人才"待遇较低的问题，调整了工资待遇，同时还向《纽约时报》披露这一事件的全过程，在美国企业界引起了不小轰动。

众所周知，管人就是管人心，在企业管理中，通常是人心最不好管，"俘获"了下属的心，其他事自然都不足挂虑。但人是有血有肉的高级动物，也是复杂多样的，在这方面管理者要认真加以研究，用起来才能得心应手。

在这方面管理学家最有经验，下面是他们给管理者的建议。

第一，了解下属的心，要真心关爱下属。要了解他的愿望目标，明白下属在想什么以及想要什么，尽量创造条件满足他。如果在对企业的发展

第八章
感动员工，管人就是管心

有利的情况下，给他一方天地，给他提供内部创业的平台。管理者关心下属，下属才会把公司的事当成自己的事去做，正是"人敬我一尺，我敬人一丈"，下属一定会加倍地报答你，反之亦然。生活上关心，工作上支持，下属的成长会很快，会创造出更多的业绩。

其次，善待你的下属，尤其要公私分明。善待下属，不等于就是宠着下属，凡是对事不对人，要维护好下属和企业双方的利益，你要知道"没有永远的敌人，没有永远的朋友，只有利益关系是永久的"，具体来说就是，工作上严格要求下属，严格执行各项制度，才会产生好的绩效。只有照顾到双方的利益，才可以领导下属并合作得长久。

三国时期，司马懿有个谋士叫贾充，很受司马懿的青睐。贾充是一个自视甚高的人，轻易不肯表态，也不结交朋党，这也是司马懿对他比较看重的原因。司马师是司马懿的儿子，他看中了贾充的智慧与影响力，努力拉拢他，希望他能在争夺太子之战中帮助自己。一天晚上司马师来到贾充的府上拜访，并当面给贾充下跪，请贾充帮助他，并请求与他的女儿成婚，据史料记载，贾充的女儿是非常丑陋并且不贤惠的。要知道，当时司马师已经是王子的位置了，却能够做到向贾充下跪，最终司马师的这一举动赢得了贾充的忠心。后来贾充帮助司马师成为司马懿的继承人。

由此可见，要善待下属，仅仅给予物质奖赏是不够的。付出你最宝贵的东西，才可收买人心。那么最宝贵的东西是什么呢？是你的时间。如果你肯抽时间和他说明一切，最能让下属有被重视的感觉。

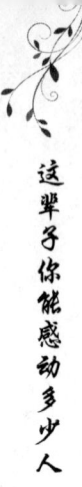

第六节 扬长避短,人尽其才

一般人通常对自己身边的优秀人才视而不见,只知道一味地好高骛远,崇拜引进的人才,自认为只有引进的人才才有真才实学。特别是做领导的,要善于发现身边的人才,做到知人善任,切忌舍近求远,放跑了本来就在自己身边的人才。

如果一个企业不重视人才,不善用人才,损失最大的不是人才自己,而是企业本身。

作为领导者要发自内心地尊重人才、爱护人才。除此之外,企业领导要善于发现人才,更要善于使用人才。善用人才,除了要让人才各得其所,还要对人才有所宽容,有所扶持,有所鼓励。一句话,就是要爱护人才。

管理者对人才严格要求不等于苛求人才。有些有才的人不拘小节,甚至狂放不羁,领导者更应当以宽厚之心对待他们,并要对其多加引导。

管理者要在竞争中发现潜人才。通过竞争,让潜人才脱颖而出。下面我们介绍的这个案例就是关于"潜人才"因压抑而转为他用的典型事例。

田饶默默地在鲁哀公身边做事已经好几年了,可是鲁哀公不了解田饶的远大志向,对田饶也不好。于是,田饶的才智得不到施展,他决定离开鲁哀公到别国去。

一天,田饶对鲁哀公说:"我打算离开这里,像鸿雁一样远走高飞。"

鲁哀公不懂他的意思,问道:"你在我这里不是很好吗?为什么要走呢?"

田饶说:"大王,您看身边的那只雄鸡!你看它头上的大红的鸡冠,十分文雅;它双脚上的锋利的爪子,非常英武;它面对敌人时格外勇敢;它看见食物时总是'咯咯'叫着招呼自己的同伴一起来分享,十分仁义;它还忠于自己的职责,早起报时从不误事,非常守信。尽管雄鸡有许许多多的长处,可是大王还是吩咐把它煮了吃掉。这是为什么呢?"

"这是因为雄鸡常常在您身边,您已经对他习以为常,它的光彩在您的眼里便黯然失色,大王感觉不到它的那些杰出的优点与才能。而有一只鸿雁,从千里之外飞来,停留在大王的水池边,它吃掉了大王池中的鱼鳖;落在大王的田园里,破坏了大王的庄稼。可是虽然鸿雁没有雄鸡的那些长处,可是大王仍然很器重鸿雁。这又是怎么回事呢?"

"因为鸿雁从遥远的地方来,您对它有一种神奇感,它的一切作为,您都认为非常伟大。所以,请您让我也像鸿雁一样远走高飞吧。"

鲁哀公说:"请先不要走,我要把你说的这些话都记下来。"

田饶说:"您觉得我平淡无奇,留下我也不觉得会有什么大用,即便是把我的话写下了,什么作用也起不到。"

于是田饶离开鲁国来到燕国。

燕王很重视他,让田饶做了相国,田饶有了机会施展自己治国安邦的本领。

3年后,燕国在田饶的治理下变得国内富足安定,边境平安没有盗贼。

田饶名声大震,燕王也非常得意。

鲁哀公听说后,感叹不已,对当年没有把田饶留下来感到后悔莫及。因此,他一个人独居3个月,深刻反省自己;又降低自己的衣食标准,表示自责。

鲁哀公给了我们这样一个借鉴。他相当于告诉我们:要珍惜自己身边的人啊!

领导者要明白，其实员工的能力可以分为两个层次，一是表象能力，二是潜在能力。表象能力就是一个人现有的专业技术职能和行政管理职能；潜在能力是一些尚未表现出来的能力，也就是人的潜能。这些能力的开发需要以下几个因素：

1. 需要自己具有强烈的吐故纳新的愿望；
2. 需要对外来因素具有适当的整合能力；
3. 需要经过一定的环境影响和外力的诱导才可以发掘出来。

对于以上的分析，我们在这里列举一些培养下属的方法：

1. 先心意，后智能

只有解决了心意问题，才可能真正解决行为技能问题。

这里的心意问题包括两个主体，首先是管理者本身，我们的确有培养下属的愿望吗？其次是下属。有些下属因某些原因不愿意与管理者配合，比如在接受公司与上司培养方面持消极、懒散的态度，这时候就需要领导者具体情况具体分析并解决之。只有管理者的心意问题解决之后，才可以考虑到下属的心意问题。对于解决下属的心意问题，关键在于一个"诚"字。如果我们管理者在与下属接触的时候可以做到开"诚"布"公"，那么公事如培养下属之类，就不在话下。

2. 培养下属的内容：KASH

K代表知识，A代表态度，S代表技能，H代表习惯。知识可以分享，态度可以启发，技能可以训练，习惯需要慢慢雕琢。

管理者一定要记住：培养下属时绝不能只注重培养劳动或者工作技能。因为这样就会使下属感觉"又把我拿驴使唤呢"，于是态度消极，就会不配合，导致培养效果大大降低，这叫吃力不讨好。

总而言之，领导者要做的就是在组织内要营造一种尊重下属、尊重员工的氛围。如果做不到这一点的话，那么企业的总裁就要依靠外力进行修心开智,否则就一定会陷入"不浚源而求流之远,不固本而期木之长"的陷阱。

第七节　化解团队内部冲突,杜绝内耗

管理者应向下属说明企业竞争力的重要性。据心理科学实验显示,竞争可以增加一个人50%或更多的创造力。每个人都有上进心、自尊心,不甘落后。竞争是刺激员工上进的最有效的方法,当然也是激励员工的最佳手段。

可是在竞争的过程中要讲求公正,防止不正当竞争,培养团队精神。

领导者一定要明白,竞争中任何一点不公正都会使竞争的光环消失,就像一场裁判偏袒一方的足球赛。比如说企业竞选某一职位的时候,员工知道领导早已内定了人选,只是走个形式而已,那么大家还会对竞选感兴趣吗?失去了公正的竞争,竞争也就没有了任何意义,只有公正才能达到竞争的目的。

为了避免不正当竞争的弊端,领导者首先要进行团队精神塑造,让所有员工都明白竞争的目标是团队的发展,"内耗"不是竞争的目标;其次是创造一个具有奖励的共同目标,这个目标只有团结合作才能达到;第三是对竞争的内容和形式进行改革,把那些可以产生彼此对抗、直接影响对方利益的竞争项目去掉;第四是找出或创造出一个大家共同的威胁或"敌人",比如另一家同行业的公司,以此来淡化、转移员工间的对抗情绪;最后是直接摊牌,马上召见相关人员把问题讲明白,对企业内部彼此暗

算、不合作的行为给予强烈的批评。

在企业中如果发生人际关系冲突的时候，如果冲突微不足道、不值得花费大量时间和精力去解决时，企业的领导者会使涉及的冲突双方成员暂时回避或让步，以此避免发生实际或潜在的争端。回避和冷处理是一种很巧妙也很有效的策略，特别是当冲突各方情绪过于激动，需要时间使他们恢复平静时。

某研究所所长需要增加一个副所长来协助自己工作，准备在各室主任中挑选这个人选，考察期定为一年。其中有一个科室，正副两个主任，两人一个是双学位的大学本科毕业，另一个是硕士毕业，二人的工作能力都很强，也有不少的研究成果。为了这个所副所长的职位，二人都各不相让。这也是很正常的事情，但双方却是在不正当竞争，互相指责，你说他没有规划，他说你自作主张，你说他私吞员工奖金，他说你谎报出差发票，等等。这样到后来，两人虽然表面相安无事，谁也不理谁，但暗地里二人的钩心斗角已经到了一触即发的边缘。另一个科室的候选人认定这是个大好时机，就向研究所所长作了详细的报告，自我推荐自己比这两个主任更有资格担任副所长一职。但是这位所长心中的目标人选还是那正副主任。不过，他并没有说明，而是表现出对该主任的兴趣，连续好几天的时间，不停地找该主任谈话。那正副主任二人见到这个情形，一下子醒悟过来，最后二人握手言欢和好如初，后来在工作上配合得更好。最终这位正主任因为在各方面能力更强一些，当上了副所长。

综上所述，管理者好的策略，是坐山观虎斗等待着两人在斗争中把问题展现得淋漓尽致时再作判断。

第八章
感动员工，管人就是管心

第八节　善言辞，话要说得恰到好处

1．"不关我事"

作为管理者，只要是公司的事情，不论是什么，都有一份责任。哪怕在自己的职责之外，也可以态度和蔼地给予一些指引，从而也可以表现出自己的成熟大度和礼节。工作当中有些时候是说者无心，听者有意，如果你无意中说"不关我事"的一句话语很容易将自己的形象彻底颠覆，对同事说一句这样的话语会产生大家的矛盾、误解，如果对上司说一句这样的话，可能意味着你该调整岗位了。

2．"为什么你们……"

当领导者在责问别人时，最好先想一想自己有没有什么过失，尽了多少力多少心。有些时候，宽容地对待别人的错误，会使别人更加振作、更加进步。如果用一连串的"为什么"去发难于人，那么得到的答案可能是一连串的"为什么"。管理者可以反过来问：为什么我没有配合好你们？你们有什么地方需要我帮忙？这样或许事情会解决得更快一些的。

3．"上面怎样骂我，我就怎样骂你们"

管理者，起的是一个上传下达的桥梁的作用，但并不是一个简单的传递。对待上司，要忠诚尽责、完成任务；对待下属，要想方设法给予激励和帮助支持。管理者要敢于承受来自上面的压力，担负起责任，同时也要敢于缓和下级的紧张，创造和谐的工作环境。

4．"我也没办法"

管理者的能力，从某个方面来讲，衡量的方法是用解决问题的能力。

如果只会强调客观原因，不用积极的心态去调动一切可用的资源，那么表现出来的肯定是无能为力和对上级以及下属的打击。管理者要相信办法总是比困难多，要相信集体的智慧是可以攻克一切堡垒的。

5．"我说不行就不行"

以自我为中心说出来的话，对事实没有合理的解释，是很难服人的。如果在做事的时候不能以事实为依据，不能本着商讨的态度来解决，这样很可能会使事态进一步恶化。其实哪怕是错的意见，听听也无所谓，应该是本着有则改之，无则加勉的心态来对待别人和自己。领导者片面地作出判断，有时是一种武断的表现，说不行就不行这句话的时候，一定要有科学的分析和依据，这样才可以降低判断发生错误的风险，保证判断的正确性。

6．"你说怎样就怎样"

这句话听起来像是气话，又像是不负责任的话。在大家产生争议的时候，当你的意见没有被采纳时，这样的话就会脱口而出，听到这句话的人会认为，你的见解毫无是处，本来可接受的地方，马上就变得全盘否认，而且可能以后不再向你征询看法和想法了。管理者要保持冷静的头脑和清晰的思维，说出你的所有的想法，提供给大家参考，也不可因没有被使用而过于激动，这才是一个管理者良好的品质和性格。

7．"我随时可以怎样"

这种强权气势的语言，让人听到了会有一种很不舒服的感觉，换句话来说，你以为你是谁呀？你想怎样就怎样，你的能耐到底有多大？以势压人的管理者，只会贬损个人的形象，在大家心中种下抱怨的种子，这种抱怨如果爆发的话，威力是不可想象的。所以，管理者保持平易近人，尊重员工，是自己尊严的体现。

8．"你真的很笨"

这样的话明显带有奚落、讽刺、挖苦的意思。这种话一旦出口就会伤害员工自尊及感情，俗话说"哀莫大于心死"，表面上看来员工还是在听你的，按你说的去做，但实际上员工只是在敷衍你，因为他已经体会不到工作的乐趣，工作质量怎么可能会高。同时，管理者的奚落、讽刺、挖苦更会伤害员工的心灵，长期下来，员工的自尊被彻底摧毁，自信被打击，智慧被扼杀，工作效率更加不好，最后抱着"死猪不怕开水烫"的态度，这种态度不论对员工、对管理者、对企业都是没有一点好处的。

9．"不行啦，我能力有限，谁行谁来做"

管理者在说这句话的时候如果是出于真的认识到自己的能力有限，如果迎头赶上，自我充电，这不失为一种自知之明而且有上进心的表现，也是一大幸事。但如果是用这句话来抵触自己的工作，用来嘲笑挖苦他人，以此来掩饰自己内心的慌张，没有一点挑战工作的意识，那么说这句话的管理者无形中就散失了一个管理人最基本的素养，就已经不配再做管理者了。

10．"都很好"、"蛮不错"

这种泛泛的表扬，不仅缺乏诚意又不能振奋整体、激励个体，因为人们往往都不喜欢廉价的、言不由衷的恭维，所以管理者表扬的言语策略应该是及时、有代表性、有充实具体的内容，可以完全体现被表扬者风貌的语言。管理者不实的表扬主要表现在用夸大的言辞去称赞不足为奇的小事，会有用心炮制的嫌疑，这样的表扬危害在于只可以让被表扬者高兴，而令所有其他人对其反感。管理者极力吹捧的行为，所导致的结果往往是民心的背离，所以在人才管理中，及时且适度的赞美言辞是领导者一定要掌握的一门学问。

做领导的一定要善言辞。做领导说话要先想后说。说话要周到、周全、周密。不说先做到是最好的，说到做到为次优，说到做不到一定要避免。言多必失，说话不在于多少，而在恰到好处。

管理者言辞修炼的关键要能把握好"乐言"与"谨言"的关系：在特定的时间、地点、对象等情况下，要多说而乐于说话；在另一特定的时间、地点、对象等情况下，要少说而善于说话。"谨言"的意思是说要言辞周全，一言九鼎；"乐言"的意思是说要知无不言，言无不尽，广开言路，虽然言论本身是无罪过的，但也不能胡说八道。

因此，管理者言辞修炼的最高境界，在于知乐言而止于谨言。

第九节　走出管理误区

很多企业管理者总是在抱怨做生意累，问到原因是什么，多数人的回答是由于在人员管理上花费了大量的心血，但是效果却很差。人员管理不好，就会意味着没人帮着自己赚钱，企业的绩效就非常值得担心了。管不好员工，还是应该从领导身上找原因，主要的原因就是因为老板走入了管理的误区。下面我们来谈几点关于这方面的内容：

1. 嫉贤妒能，用人之大忌

忌妒是指人们对竞争中的幸运者或潜在的幸运者持有的一种贬低、排斥，甚至是敌视的心理状态，也被叫做"红眼病、吃醋、吃不到葡萄说葡萄酸"，等等。这种病也是办公室中的一种常见病，有很多的企业管理者身上或多或少都有这种毛病。

杨修是东汉人，他是著名的大司马杨震的后代。有一次，曹操手下人请他去参观一处新修的园子，看过之后，曹操摇了摇头并在大门上写了一个"活"字就走了。手下的人不知道是什么意思，杨修就说，这门里加个

"活"字，就是"阔"字。丞相的意思是说这个门做大了，众人这才知晓，虽然曹操在这件事情上表面对于杨修表扬一番，事实上却对杨修很反感。又有一次，外地给曹操进贡了一盒酥酪，曹操就在盒子上写了"一盒酥"3个字就走了，杨修看到这几个字后就自做主张把这盒酥分吃了。并解释说丞相写了"一盒酥"的意思就是告诉我们"一人一口酥"，我们是按照丞相吩咐吃的。曹操听了，微笑不语，但是在此时已经对杨修动了杀机。后来，曹操与刘备交战，几场仗下来也没有战胜，曹操心里郁闷，就在此时曹操手下的大将夏侯渊来请示口令，曹操望着盘子里的鸡肋，随口说"鸡肋"。夏侯渊不解其意，回营后把口令告诉了杨修，杨修听了以后，便叫大家打点行李。夏侯渊就问杨修到底是什么意思，杨修解释说，鸡肋是食之无味，丢掉了又可惜的东西，大王用鸡肋做口令，说明大王已经有退兵的意思，快收拾行李吧。夏侯渊觉得有理，也跟着收拾行李，曹操听后大怒，以擅自揣测军令、惑乱军心的罪名把杨修斩首了。

杨修其实是很聪明的，但是他的机智却用在了小聪明上，这是杨修得祸的根源；而曹操杀杨修，是因为曹操忌妒杨修的才能。之后曹操就后悔杀了杨修，因为这不但使大家失去了对曹操的向心力，同时也失去了一个人才。

可见，对于一个领导者来说忌妒心太强是一个致命的缺陷。那到底该如何克服这种缺陷呢？奥地利的心理学家阿德勒在《超越自卑》中给我们提出了以下五条建议：

第一，正确认识忌妒。善于忌妒的人总认为忌妒是对自己的否定，对自己是一种严重的威胁，损害自己的利益和"面子"，这其实只是一种主观臆想。一个人的成功不只是要靠自身的努力，还要靠大家的帮助，忌妒只会害人害己。

第二，企业的管理者应该提高道德修养。封闭、狭隘的意识会使人鼠

目寸光,所以,应该不断提高自身道德修养,不断地开阔自己的视野,与人为善,这会大大有利于企业的长远发展。

第三,客观评价自己。当忌妒心理萌发的时候,可以积极主动地调整自己的意识和行为,从而控制自己的动机。这就要客观、冷静地分析自己,找出差距和问题。尽量看自己的长处。聪明的人会扬长避短,寻找和开拓有利于自己充分发挥自身潜能的新领域,这样就可以补偿先前没能满足的欲望,缩小与忌妒对象的差距,最终达到减弱乃至消除忌妒心理的目的。

第四,见强思齐。人有所长也有所短,一个人不可能在什么时候都比别人强。人应该喜欢自己、接受自己这是没有错的,但除此之外还要客观看待别人的长处,这样才能化忌妒为竞争,才可以提高自己。领导者要时刻将心比心。忌妒,通常给被忌妒者带来许多麻烦和苦恼,换位思考的话就会对自己的忌妒言行有所收敛。

第五,学会自我宣泄。找倾诉对象痛痛快快地说个够,这些倾诉对象可以是你的好朋友也可以是你的亲人或者爱人。他们可以帮助你阻止忌妒朝着更深的程度发展。此外,还可借助各种业余爱好来宣泄和疏导自己的这种情绪,比如唱歌、跳舞、练书法、下棋等。说透了就是转移自己的注意力。此外还可以积极参与各种有益的活动,嫉妒的毒素就不会滋生、蔓延。

2. 随意践踏下属的自尊心

聪明的企业领导者一直都把"人的因素"当做企业兴旺发达的一个关键,领导只有受到下属的拥护与合作,才可以生存与发展下去。如果一个领导者失去了下属的拥护和支持,也就意味着失去了力量的源泉。如果与下属的关系很恶劣的话,就如同走在泥沼中,无处可以用力,无处可以使劲。虽然你发号施令,但是没有人响应,这种情况下工作是无法完成的,这样管理者的个人地位也就岌岌可危,就更不必说企业的提升了。

第八章
感动员工，管人就是管心

领导是人，下属也是人，作为领导，就有责任维护他们的自尊心和荣誉感，不论是在工作上还是生活上，也需要无微不至地关心他们。要尊重敏感的下属的自尊心，说话的时候要谨慎一点，不可当众指责、批评他。同时也不要当他的面说别的下属的不是，这样他会想你是不是也在背后挑他的毛病。要对下属的才干和长处表示欣赏，逐渐弱化他们的防御心理。

管理者在批评下属的时候，千万要注意选择合适的场合和适当的时机，同时要采取正确的方式。第一要搞清楚下属是不是真正犯了错误及错误产生的原因，了解之后就可以使批评有的放矢，避免盲目批评。第二要注意批评的场合。通常情况下要尽量缩小批评的范围。第三要考虑下属的个性特点，选择下属容易接受的批评方式。

有的下属自尊心强、敏感、多虑，在乎别人对他的评价，尤其是领导的评价。遇到这样的下属，领导要特别谨慎地去对待，不要轻易地埋怨，要多给予理解。在帮助这种人的过程中，多做事，少说自己的意见，你一旦意见多了他就会觉得你不信任他。

第九章

感动朋友,社交中掌控良好的人际关系

第九章
感动朋友，社交中掌控良好的人际关系

第一节　赞美的语言，恰合实际

赞美别人，就是发现别人的美，并且用合适、恰当的语言表达出来，赞美的语言如果稍微有些夸张是可以接受的，但是如果言过其实，过于夸大事实，别人就会怀疑你赞美的诚意和动机了。

有这样一个人，在单位里常常会赞美同事们，尤其是在见到领导的时候，赞美的话更是滔滔不绝地从嘴里流出。如果见到身材魁梧的领导，他就说："一看就知道您是有福的人！"如果见到秃顶的领导，他就说："贵人不顶重发，真可谓是聪明绝顶啊！"之类的话。这些话倒是不伤大雅，有时候还能让领导开心，只是有一次，因为他太过夸大的赞美言辞让领导对他有了新的认识。

有位领导由于工作的原因需要应酬单位的客人，因为高兴，就喝高了，走路的时候不小心摔了一跤，这时候，这位经常赞美人的仁兄赶紧过来扶起领导，嘴里还说道："领导为了工作，连自己的身体都不顾及了，就算是喝得胃出血也没有怨言。"喝醉了酒的领导一听这话，马上就火了，对他破口大骂："你到底会不会说话，你这是称赞我呢还是盼着我早死呢？"这次，平日伶牙俐齿的先生再也说不出任何赞美之词了。

上面例子中的这位仁兄的赞美之所以得不到听者的认可，主要是因为他的赞美之词不是发自内心的真正的赞美。在他的赞美中，带有趋炎附势、惺惺作态的成分。这样的赞美是打动不了人心的。

　　有的人十分吝啬对他人的赞美，认为那是阿谀奉承的表现，是不齿的做法，但是每个人都喜欢听到他人的赞美，都以得到了他人的赞美为荣。因为，如果可以得到别人的赞美，就表明自己的行为是得到他人的认可，对赞美他的人自然就会产生好感，从而可以加深彼此间的感情。无论在什么时候，赞美都是一种非常有用的万能工具。它可以帮助他人走出困境，同时也是交际中最有效而又最可靠的手段之一。请记住，发自内心的赞美，任何人都会喜爱的。

　　有些人在赞美别人的时候不是出自真心而是随大流，跟着别人说重复的赞美话，或者是在附和别人的赞美，这样会使得自己处境尴尬，还会无意间引起被赞美者的反感。赞美如果是伪装的，会令被赞美者认为你是在溜须拍马，盲目地追随别人的赞美更是这样。赞美是一种艺术，不但需要以适当的方式加以表达，而且还需要有洞察力和创造性。

　　古语有云："精诚所至，金石为开。"当称赞的话语从舌底间流出的时候，很大程度上，言语中饱含的真诚百分之百此时已经显露出来，写到被称赞者的脸上或者心中。因此，只有真诚的称赞，才可以使别人感到称赞者是在真正地发现他的优点，而不是作为一种功利性手段去称赞他，从而使他自愿地打开称赞者所需要的"金石"，或者接受称赞者在称赞背后隐藏着的不满，最终达到称赞的目的。

　　在人们之间的交往中，谁都喜欢被人赞美、奉承。其实，面对别人对自己的赞美，相信没有人会无动于衷，只是有人会赞美他人，有人则不会赞美而已。

　　有一次，在尼克松为法国总统戴高乐举行的宴会上，尼克松夫人花费了很大的心思布置了一个鲜花展台：漂亮的喷泉旁摆放着一张马蹄形的桌子，鲜艳的热带鲜花在阳光的照射下显得娇艳异常。

　　戴高乐将军进去后马上就看出这是主人为欢迎他而精心制作的，不禁

第九章
感动朋友，社交中掌控良好的人际关系

赞不绝口："女主人真是用心，这么漂亮、典雅的计划与布置必定花了很长时间来筹划吧。"尼克松夫人听后，非常开心。

也许在别人的眼中，尼克松夫人布置的鲜花展台只不过是她作为一位总统夫人分内的事情，没什么值得赞美的；但戴高乐将军可以领悟到她的苦心，以此还向夫人表示了肯定与感谢，从而也使得尼克松夫人异常高兴。

可以说，赞美是打开心门的钥匙，它不仅可以把老相识、老朋友团结得更加紧密，同时还可以把互不相识的人连在一起。

戴维和法拉第二人的友谊如今仍被世人所称道。虽然有一段时间，法拉第的杰出成就引起戴维的忌妒，但这份情缘最终走向和解少不了法拉第对戴维的真诚赞美这一原因。法拉第在没有和戴维相识前，就给戴维写信："戴维先生，您的讲演真好，我听得简直要入迷了，我十分热爱化学，我想拜您为师……"

收到信后，戴维就约见了法拉第。之后，法拉第成了近代电磁学的奠基人，誉满欧洲。

无论怎样，赞美的话都必须要切合实际。赞美要看对象，比如见到爱漂亮的女孩子你就应该赞美她的打扮；见到有小孩的母亲你最好赞美她的小孩，因为慈母眼中无丑儿，赞美她的小孩聪明可爱是不会有错的；遇见工作型的女孩除了赞美她的外表之外，还可以赞美她的工作绩效；至于男人，在赞美的时候最好是从他的工作下手，比如你可称赞他的脑力、耐力。在到别人家做客的话，可以赞美房子布置得别出心裁，或赞美一个盆景的精巧，或赞美其装饰的精致，要特别注意欣赏他人的爱好与情趣。如果主人喜欢养金鱼，你可以试着去欣赏那些鱼的美丽；如果主人爱养花，你可以去赞美他所养的花草。

如果特别关注别人的某一件事物，一定可以使人在欣喜之余还觉得感

激。要明白"士为知己者死,女为悦己者容"的道理。钟子期死后,伯牙不再鼓琴,原因就是子期能懂得并欣赏他的琴声,并可以给予他恰如其分的赞美而已。因此,拥有"金口玉言"的人,经常会因为一句赞美的话说得恰到好处,从而为前途打下基础。

当你在赞美了对方之后,对方表现出满意的态度的时候,这时请不要就此结束,可以适当改变表达方式,再三地赞美同一点。因为一两次的赞美会被别人认为是一种奉承,如果重复你的赞美的话,可信度就会大大提高。因此,赞美对方一定要三思,并随时注意对方态度的变化。

第二节 成为一个好的聆听者

据研究显示,因为人们说话比倾听的速度慢,因此听要比说更难。

据研究,人每分钟可以说 135 个字左右,但是人们思考的速度,却至少要比说的速度快四倍。也就是说,在一定的时间里,对方能说 100 个字,你却能听 400 个字。这样一来,人就有空余时间用来胡思乱想,这也就是问题的根源所在。

能够让谈话顺利进行下去的,并不是那些会说话的人,而是那些会说又会听的人。

对于善于倾听的人,几乎是所有的人都会将这种人视为知心朋友。因为不管是谁,都希望自己在说话的时候,有人在细心聆听。可是为什么懂得倾听的人比善于言辞的人要少呢?原因大多是因为大部分的人都把重点放在研究说话技巧上,而不是如何去聆听上。另一个原因则是,说话确

第九章
感动朋友，社交中掌控良好的人际关系

实比倾听要简单得多。

可以安静、认真地听他人说话，实际上是一件很不容易的事。能够耐心倾听他人说话，并不是一种被动的行为，也是要付出不少心力的主动行为，并同时要具备足够的自制能力。

我们知道人与人之间的交往离不开沟通，而沟通的方式除了说话之外还有倾听。另外，可以认真听他人说话还是有责任心、有修养的表现。

有时，倾听别人的语言还能帮助自己解决难题，创造出新的想法，发现新方向。听得越多、越清楚，就可以深入地了解别人的所思所想，知道更多的事情。

而要成为良好的聆听者，一定要心甘情愿地静下心来，听别人说话。在谈话过程中，一定要主动、机敏地克服一些不良的习惯，避免分心，认真地以对方的视角去体会事情，只有这样才可以真正听懂对方的话，使沟通进程更加顺畅。

人在特别喜悦或满腔忧愁的时候，总会想找一个可以倾诉的朋友宣泄一下。人们通过在倾诉中发泄自己的情绪，也可以在倾诉中整理自己的思绪，重新审视自己的行为。通常人们需要一个安静、理智的倾诉对象，需要对方同情和沉稳的目光。如果你的倾诉被一次次地打断，那么倾诉心理就不会得到满足。我们每个人都有可能成为倾诉性谈话的对象，因此，当我们担任起这一角色时，就必须懂得"聆听"。美国的女企业家玛丽·凯·阿什说：这种艺术的首要原则，就是你全神贯注地听取对方的谈话内容；其次，当别人请教你的时候，你最好的回答是：你看怎么办？她举了一个例子：

有一次，公司里的一位美容师来向她倾诉自己婚姻的不幸，并问她，自己是不是应该提出离婚。玛丽对她的家庭并不熟悉，不可能为她拿主意，只好每次在美容师问她的时候，反问一遍"你觉得应该怎么办呢？"

她每问一次,美容师就认真地考虑一下,随之会说出自己应该怎样怎样。

第二天,玛丽就收到了美容师的鲜花和感谢信,一年后,玛丽又收到了她的信,信上说他们的婚姻十分美满,感谢玛丽为他们出的好主意。

其实,玛丽什么主意也没有出,只是用足够的耐心和镇静的态度感染了当事人,让她从非理智的情境转换到理智情境,像考虑别人的事那样考虑自己的事,从而找到适合她自己的解决方法。这就是"聆听"的魅力所在。

当然,上述的"聆听"只是一种情况。事实上,聆听是一种以守为攻的主动性行为,并不是始终一言不发。聆听是要有反应的,不运用语言而运用表情,比如说对对方的谈话表现出惊奇有趣的表情,可以使对方的谈兴大增。更主要的是仔细聆听,从而了解对方的禀性和爱好,可以选择自己的谈话内容。有一句谚语这样说:"话须通俗方传远,语必关风始动人。"

第三节 避免谈论他人短处

人的一生中总会遇到各种各样的逆境,如果你是一个志存高远又才能不凡的人,那么,经受冤屈、排挤,是不可避免的事情。"事修而谤兴,德高而毁来",这几乎是社会竞争中的一条不变的定律。这样的道理古人是早已总结过:"木秀于林,风必摧之;堆出于岸,流必湍之;行高于人,众必非之。"古人曰,对付谣言的最好办法就是让它自生自灭,你越在乎这些话语,带给你的伤害就会越大。所以,在这方面我们需要的就是糊涂,让这些话穿耳而过。

第九章
感动朋友，社交中掌控良好的人际关系

渑池会后，赵王"以相如功大，拜为上卿"，从此蔺相如的官位在廉颇之上。为此廉颇心中不快，觉得自己功劳比蔺相如要大，他想：我为赵国拼死打仗，功劳难道不如蔺相如吗？蔺相如只是凭着一张嘴，地位凭什么比我还高！他越想越生气，就说："我要是碰到蔺相如，要当面侮辱他，给他点儿难堪，看他能把我怎么样！"

廉颇的话传到了蔺相如耳朵里。蔺相如从此之后便处处留意，避让廉颇，上朝的时候称病请假，以便回避。蔺相如还吩咐手下的人不要和廉颇手下的人争吵，要让着点儿对方。

一次，蔺相如乘车外出，远远看见廉颇的车子迎面而来，连忙叫手下人把车赶到小巷里避开。为此蔺相如手下的人极为不解。蔺相如对他们解释说："秦国那么强大，我都不惧怕，廉将军我怎么会觉得可怕呢？我认为，今天强大的秦国之所以不敢对我们赵国轻易用兵，主要是忌惮赵国有我和廉将军两人。如果我和廉将军两人不能和睦相处的话，秦国必定就会趁机侵略赵国。我之所以对廉将军避让，是因为国家的安全才是首位，不应计较私人怨恨。"

此事传到了廉颇的耳里，廉颇被蔺相如宽大的胸怀深深感动，十分惭愧，于是负荆请罪，请求蔺相如原谅。最后两人和好如初，成为至交，共同守卫赵国。

蔺相如不理会廉颇挑衅的话，以忍让来避免与廉颇的冲突。乍一看，我们觉得蔺相如很窝囊。让一个职位比自己低的人侮辱却不还击，还主动退让，但是蔺相如的这一做法就是在用装糊涂来维护内部团结。等大家明白后，蔺相如赢得的不仅是尊重，还有廉颇这位对手的折服。

在诸葛亮初出茅庐的时候，刘备称之为"如鱼得水"，而关、张二人却不以为然。在曹兵突然来犯的时候，兄弟俩便"鱼"呀"水"呀地对诸葛亮进行讽刺，挤兑诸葛亮。诸葛亮胸怀全局，并不在意，装糊涂一笑而

过，仍然倚重他们。结果后来诸葛亮牛刀小试，刘备在新野大获全胜，使关、张兄弟佩服得五体投地。如果诸葛亮当初和他们一般见识，争论纠缠的话，就会造成将帅不和，人心分离，就不会有新野一战和以后的三分天下了。

在人际交往的过程中免不了受人闲话。这些闲言碎语其实并不能伤害我们什么，就像是一阵微风吹过大树一样，最多也就是带走几片树叶，伤不到树的根本。但是如果你要斤斤计较，只是为自己平添烦恼，何必要吃这口水之苦呢？所以必要的时候要懂得装装糊涂，让不顺心的话随风而散，正所谓清者自清，浊者自浊。酒香不怕巷子深，是金子总有发光的一天，何必要斤斤计较呢？

聚在一起的人们，总要找个话题闲聊，这时不要把别人的短处作为话题，否则对自己的前程是没有好处的。

俗话说："金无足赤，人无完人。"每个人都有自己的长处，也有短处。对于如何对待别人的短处，每个人的做法都不尽相同。在职场中如果处理不好这个问题的话，不懂得说话的学问，以谈论别人的短处为乐，通常会在不经意间得罪人，为自己在职场中的前途设置障碍。

以谈论他人短处来取乐并不是件好事，不仅是一种低级庸俗的取乐方式，而且也很容易惹出事端。因为你伤害了对方的自尊心，对方一定会与你为敌，同时，这对你的职场形象也不好，你虽然博得了大伙儿一笑，但大家还是会认为你是个刻薄的人，由此会对你产生反感和戒心，长此以往，人们都会对你敬而远之。

在职场中，想要有良好的人际关系，一定要记住，"当着矮子不说短话"。人们为什么总是害怕被人揭短，说到底还是因为担心面子上过不去。因此，如果你想获得朋友或在日后少个敌人，就不要触碰别人的短处。

从前有一个叫鱼子的人，拥有十分古怪的性情，对人也尖酸刻薄，最

第九章
感动朋友，社交中掌控良好的人际关系

喜欢揭人短处，并以此为乐，这样就会觉得自己聪明机智。一天，一群朋友坐在一起喝酒，有个叫吴丑的人，因为惧内，所以不敢多喝。鱼子便大声说："你们知道吴丑为什么不敢喝酒吗？我知道，因为他的妻子管得他特别严。有一回他喝醉了，回家被妻子惩罚！"吴丑被鱼子当众说出短处，顿时脸色铁青，站起来就走了，酒席也不欢而散。

我们的生活中像鱼子这样的人也并不缺乏，有些人甚至觉得，只有让别人的短处暴露出来，才可以证明自己的长处，他们会以此获得一种心理上的满足，却不知道这样做的结果会让他们的人缘变得越来越差。

人缘好的人必定不会揭他人的短处，这样的人在历史上比比皆是。

唐朝的程皓虽官任检校行部郎中，按说很有评价他人的资格，但他却不谈论他人的不足。当有朋友说别人的坏话时，他也不参与，还会替当事人开脱，之后会说一些当事人的优点。像程皓这样做人，人们当然喜欢结交他。

明朝的开国皇帝朱元璋因为做过红巾军，曾被当时的朝廷称为"红巾贼"，以至于在做了皇帝之后对"贼"这个字很抵触，同时也对"贼"字音似的"则"字也异常敏感。一次，林元亮写了一篇《谢增俸表》呈交朱元璋，其中有"上则垂宪"一句话，就是这个"则"字为林元亮惹来了杀身之祸；北平府学赵伯宁也是因为一个"则"字也被朱元璋杀死了。他的《贺万寿表》中有"垂子孙而作则"，这本来是对朱元璋的谄媚之词，意思是说朱元璋可以做后世的榜样，不曾想到朱元璋因为对"则"字敏感，以为赵伯宁在骂他是"贼"，于是就把他给杀了。

朱元璋的行为的确有些过分，但留下的启示却很深远。人人都对自己的短处很敏感，虽然有时说者无心，但是听者有意，有时说起与他短处相关的词语，他都会把无关的事主动扯到自己身上，有些时候，你随便说说的话，对方很可能会认为你是在讥讽、挖苦他，更何况是刻意谈人短处，

怎能不让人心生讨厌呢？所以，我们不仅不该谈论别人的短处，还要注意不提与对方短处有关联的事物，以免让对方产生误会。

喜欢说他人短处是一种不道德的行为，而且说出去的话，如同泼出去的水，想收也收不回来。荀子说："与人善言，暖于布帛；伤人以言，深于矛戟。"孟子也说："恭者不侮人，俭者不夺人。"古人的这些话是非常值得深思的。

避免谈论别人的缺点，甚至可以帮助别人"护短"，不仅可以很容易与他人建立起感情，形成融洽的交流气氛，同时还会让对方感激你，进而强化彼此的友好关系。所以，在职场中应避免谈论他人的短处，这样才可以获得良好的人际关系。

第四节 言辞不真诚，一切都徒劳无功

只要真正去关心别人，就会赢得别人的注意、帮助和合作，哪怕是最忙碌的重要人物也不例外，也只有在这种条件下，你的话的分量才会越来越重。其实做到这一点并不难，可能几句真诚的关心话就能帮助你赢得别人的真心。

有些人一辈子都在向别人搔首弄姿，目的只不过是为了引起别人的注意，但是结果是徒费力气。因为人们根本不会注意到你，人们注意的只是自己。有人曾作过这样一个调查，在人们交流的电话通话中，哪一个字是最常用到的。调查结果就是"我"字。因此，在人际交往中，你的人情话中切不可少了"我"。

第九章
感动朋友，社交中掌控良好的人际关系

我们通常就忘了人与人之间最宝贵的资源，就是朋友关系。生活不断地告诉我们要保护自己，多做也许会多错，热心大多会受伤。于是，我们宁可自扫门前雪，对人被动一些，甚至对人有些漠不关心，或者只是说不痛不痒的人情话。一个人可以聪明绝顶、能力过人，但如果不懂得借真诚和积极热心来培养和谐的交际关系，他的成功就会付出比别人很多倍的努力。比如你说的话，不管你的言辞多么悦耳动听，如果别人感觉不到你的真诚，一切都会徒劳无功。

第五节　巧妙地表达出"不"的意思

但凡是好事情、好愿望，你都会伸出热情的手，予以大力帮助，使之功成事就，也就是所谓的"成人之美"的"君子"行为，都是得人心、受欢迎的。但是，在与朋友交往的过程中，有时对朋友的要求我们并不能时时刻刻都能满足。

这就需要在帮助朋友时要讲究一定的技巧：

1. 情理兼顾，保持二者之间的平衡

与人交往中，你总要有一点原则，有一个评判的标准。一般来说，这个标准就是一个"理"字，只要有道理的事情，就应该肯定或给予办理。

虽然说"有理走遍天下"，但更多的时候更要做到"合情合理"。因为，人是感情动物，如果不顾人与人之间的各种感情关系，只是一味地按原则按公理办事，很多时候会遭人非议或受人压制。

英国蒙哥马利元帅打算在晚年退休后改建一处住房，为得到所需的建

筑材料和管线，他要先找当地的政府机构申请。按照原则，蒙哥马利元帅是没有理由提出这种申请的，因此，当地政府拒绝了他的要求后，蒙哥马利元帅不得不因为这件小事直接找到首相托情。

按照常理，首相应该是最重"理"的，但结果还是以"情"为重，答应了他的要求。假如首相当时只顾"理"而不顾"情"，事情一旦传出去的话，不仅有损于声名赫赫的蒙哥马利元帅的面子，也对首相的威望有一定的影响，因为蒙哥马利元帅毕竟功勋赫赫，他个人的感情还是有必要特别照顾的。因此，人与人相处的时候，既要顾及到"理"也要顾及到"情"，情理兼顾，保持好二者之间的平衡，这才是最佳的处世策略。

2. 答应别人的请求时不要把话说得太肯定

如何答应求你办事的人，也是测度办事能力的一个方面。如果认为是对的，就回答他一声："很好！"认为不对的，就告诉他："这个问题很难说。"自认为可以办到的事就这样告诉他："我去试试，但成功与否现在还很难肯定。"自认为办不到的事就这样告诉他："这件事很难办，就目前的情况我看是没有多大的希望。"

总的来说，应答求你办事的人，不要把话说得太肯定。如果你的回答太肯定，很容易给双方造成不欢而散的结果。一切回答，一定要留有回旋的余地，如果临时不能决定，你可以说："让我考虑考虑，再答复你可以吗？"或者说："让我与某某商量后，由某某答复吧。"前者的回答表示接受与不接受各占一半，后者的回答大多是在婉言拒绝。

如果遇见求你办事的人一直在说个不停，你不愿意再听下去，也有办法可以应付。这时你可以讲些无关紧要的话，转移目标，也可以直接说："好的，今天就谈到这里吧。"然后站起身来，说声："对不起，我还有事要办，下次再谈！求你办事的人听到这样的话就会中止谈话，不再与你纠缠。

第九章
感动朋友，社交中掌控良好的人际关系

请记住：你的能力和帮人办事的诚意体现在行动上，并不是嘴上。在事情办成之前，还是保守些比较好。

3. "别人投来的球"首先要决定好是接还是抛出去

通常我们的内在斗争是来自我们跳入别人问题中去的深度。就是有人投给你一个忧虑，你认为自己必须接住它，并作出反应。

我们不妨现在假设你实在很忙，这时一个朋友打电话来，用一种激动的腔调说："我的妈妈简直快让我发疯了，我该怎么办呀？"你不是说："我也很难过，但我不知道该提些什么建议。"而你是会自动接住这个球并尽力去解决这个问题。但是，你马上就会感到压力重或怨恨自己完不成计划并且所有人似乎都在向你提出要求，从而自己就陷入了被动中。

记住，"你没有必要一定要去接住这个球"是消除你生活中压力的一个非常有效的办法。当你的朋友来电话的时候，你可以把这个球放下，就是说你不必只是因为他或她在试图诱你加入，你就一定要参与进去。如果你不吞下这个诱饵的话，那个人也许就会把电话打到别人那里，看看他们是否会卷进来。

这样做并不是说你永不接球，只能说明你这样做是出于自己的选择。这也不意味着你不关心朋友，或是说你愚钝或没有一点用处。建立起一种更平静的生活观，要求我们知道自己的极限并对此过程中我们的哪一部分负起责任来。大部分人每天很多次让球投向我们——在工作中或来自于我们的子女、朋友、邻居以及销售人员、甚至是陌生人。如果我们接住所有这些球的话，我们一定是会发疯的！关键是要知道，何时才去接另一个球，这样我们就不会感到被牺牲、怨恨，或被压垮。

舍尔德教授说：哪怕是十分简单的事，像在你忙得没时间说话时去接电话，都是抓住球的一种形式。通过接电话，你就自愿加入了一个在现在你可能没有时间、精力或思维模式去参与的社交。如果不接这个电话，你

就能对你自己心灵的平静负责。这个思想也适用于被侮辱或被批评。当有人向你投出一个想法或评论的时候，你可以接住它并感到受伤害，你也可以抛掉它并继续过你的日子。

4. 好友开口借钱时，你可以不答应

有一位大学的校友和小赵在同一个公司上班，虽然不在同一个部门，但是平时私交不错。有一天他邀小赵到咖啡店，要求借小赵两万块钱。

小赵想可以把存款提出来能够凑足两万块借他，可是，小赵不想和校友有金钱上的纠葛。那么该怎样拒绝呢？以下两点原则可供借鉴：

① 不必听对方的解释

校友会向别人伸手借钱，一定有他自己的理由。这就表示把自己的拮据展现在校友的眼前，这里面的原委不用问就明白了。而且，如果听对方仔细说明原委后就更不好拒绝了。所以，不能听对方的解释。

"开玩笑，我怎么会有这么多钱？"

千万不能用这种取闹似的语气，因为校友的态度是认真的。但是，为了不伤及校友的自尊，可以安慰他说："哎哟，要是我能帮上忙的话……"

这是种暧昧不明的说辞，如果又听了对方的说明后，再要说"不"，就不容易出口了。

"让我说出苦处，又说没钱，简直欺人太甚！"对方可能会怒气冲天地这么想。

② 一开始就明白地拒绝

只要是关于金钱的事，拒绝的时候最好一开始就把自己的态度表明。"真对不起，平常受您的照顾，真是过意不去，但对于金钱的事实在帮不上忙。"一开始的时候就应该表示自己是无能为力的。如果有这个必要的话，可以再说明自己为何无法借钱给他。同时，听对方诉苦也没关系。

只要和金钱有关的问题，无论是在什么情况下，总会留下不太好的结

第九章
感动朋友，社交中掌控良好的人际关系

果。因此，个人金钱的借贷问题，要谨慎处理。但是，如果已经听完对方的诉苦，应该诚恳地和对方商量对策。

可是，你虽然说拒绝了对方，但是你又会忧虑在拒绝朋友的时候会不会得罪了对方，等等。如果您是被这种或者是其他的心理压力所迫，就有可能会点头答应，这实际上是在屈服于另一种性质的某些动机，比如需要得到朋友接受或赞扬，担心给朋友带来不快和麻烦，并希望朋友对您感恩，有朝一日得到报答，等等。如果你懂得珍惜时间，就应该学会说"不"。如果考虑到一旦答应对方的要求，可能给自己带来某些不方便，就要考虑说"不"，除非这样会给朋友带来更大的麻烦。

你也许会说：我何尝不想拒绝，但该如何拒绝呢？以下几点建议可供参考：

1. 立即答复，不要使对方对你抱有希望

这时候你最好打消为避免直接拒绝而寻找脱身之计的念头。请不要说："我再想想看"或"我看看到时候行不行"，等等。明确地告诉对方："实在抱歉，这是不行的。"

2. 如果你想避免生硬的拒绝，就提出一个反建议

假如朋友打电话问道："今天晚上去跳舞吧！"你不想去的话，就可以这样说："今天晚上可不行，改日我请你吧。"

3. 不要认为每次都有必要说明理由

很多时候，你只需要简单地说一句："我实在有更要紧的事要做。"就可得到大多数人的谅解。

4. 转移对方的注意力

据心理学研究表明：当人的注意力专一的时候，如果有一种另外的新的刺激参与，那么人的注意力就会很容易转移到这种新的刺激上去。在社交中如果遇见对方提出自己一时难以答复的问题或难以满足的要求时，我

们可以用"转移注意力"的办法,从而把对方吸引到另一件你可以办到的事情上去,这样不仅自己摆脱困境,又能在另一方面满足对方,这样对方也就不会因为那个难以解决的问题而怪你。

5. 巧妙地表达出"不"的意思

具体可采取如下方式:

①用沉默表示"不"。比如当朋友问你"你喜欢小李吗?"你并不喜欢,这时,你可以不表态,或者一笑置之,朋友就会明白。

再比如一位不太熟识的朋友邀请你参加晚会,并送来请帖,你可以不予回复。这样就表明,你不愿参加这样的活动。

②用拖延表示"不"。例如你的同事约你星期天去钓鱼,你不想去,可以这样回答:"其实我是个钓鱼迷,可自从成家以来,星期天就脱不开身了。"

③用推脱表示"不"。比如,一位客人要求你替他换个房间,你可以说"不好意思,这得值班经理决定,他现在不在。"

④用回避表示"不"。假如你和朋友去看了一部你认为不太好的武打片,出影院后,朋友问你:"你觉得这部片子如何?"你可以回答:"我更喜欢抒情点的片子。"

⑤用反诘表示"不"。如果你和别人一起谈论国家大事。朋友问:"你是否认为物价增长过快?"你可以回答:"那么你认为增长太慢了是吗?"

⑥用客气表示"不"。如果别人送礼品给你,而你不能接受的话,你可以客气地回绝。一是说客气话;二是表示受宠若惊,不敢领受;三是强调对方留着它会有更多的用途等。

⑦用外交辞令说"不"。外交官们在碰到他们不想回答或不愿回答的问题时,总是会说"无可奉告"。生活中的我们,如果暂时无法说"是与不是"时,也可用这句话。

另外，还有一些话可以用作搪塞："天知道，事实会告诉你的。""这个嘛，很难说。"等等。

第六节　眼光放长远，不计蝇头小利

我们都知道，钓到的鱼不用再喂食，这道出了很多人的心态。那些与人交往急功近利的人，他们肯定不知道，这样做断送的不只是刚刚建立的良好态势，更重要的是自身的声誉。

不妨想想，谁愿意和急功近利的人交往呢？社会上也是如此，如果今天偷工减料省了一块钱，那么明天可能就会少了十位顾客，这绝不是聪明人的选择。

作为一个商人，谋的当然是利，问题是你要分辨清楚是谋当前的蝇头小利，还是要今后的大量财富。那些损人利己、不讲商业道德的商人最终会被逐出生意场。

山西票商经营的主要业务就是存放款业务，这与现代银行经营很相似。票号的赢利就是靠存放款利息的差额，存款时票号付很低的利息，放款时则收取较高利息。对于票商来说，当时最大谋利对象是在票号存款的富户。因为这些官绅们并不把利息放在心上，只是为了安全、方便。山西票商为图长远的利益，因而在放款时也收取较低的利息，这里面以平遥帮票号为人称道，徐坷曾这样说过："试以存款论，平遥帮之存款利息至高三厘，祁、太两帮可由三厘至四厘，甚且有得四厘半者。以放款论，平遥帮放出之款，多仅六厘，至多亦仅七厘而止，甚至有仅取五厘者。若祁、

太两帮,则往往多至一分,平均之数亦七八厘。此其较大也,盖山西票号向重信用,不重契据不做押款,此为各帮所同,至以博取重息,悬为大禁,则为平遥帮所独也。"

票商在存放款业务中获利最丰的机会就要数大批官款的存放了。官款存放的时候并不需要支付利息,并且往往数额巨大。但随着众多银行的创立,票号生意就受到了很大的损失,其中,来自户部银行的威胁最大。著名票商李宏龄曾说:"我行存款至多不过四厘行息,而银行则得五六厘。放款者以彼利多,遂提我之款移于彼处。且彼挟国库、藩库之力,资产雄厚,有余则缩减利息,散布市面,我欲不减不得也;不足则一口吸尽,利息顿涨,我欲不增又不得也。"

以上这段话的意思是说,在户部银行创立以后,就存放款一项业务而言,山西票号已经成为户部银行的附庸,由于户部银行的实力雄厚,随行提高或降低存放款利率,山西帮票号只能应承随风倒,没办法与户部银行相抗衡,"禁用重息"的传统信条显然已不合时宜了。

这是历史向山西商人发出的一次挑战,同时也是历史给他们的一次机遇,一向善于乘势而起的山西商人可惜却错过了这一次大好时机,因为他们过于相信自己高超的经营策略。尽管李宏龄等人奔走呼号,但实力雄厚的山西商人再也没有醒来。

无数次的历史证明,只有把眼光放长远,不计较蝇头小利的人,才有可能有机会取得成功,因此,在鱼儿上钩之后也不能疏忽大意,更不可得意忘形。放长线钓大鱼这句话没错,但是钓上的鱼儿更要悉心喂养,这样才能长远地建立起你的利益关系,才能更好地达到你的目的。

第九章
感动朋友，社交中掌控良好的人际关系

第七节　弥补失言，巧改错话

正所谓"金无足金，人无完人"，每个人都会有失言的时候。失言是一件很正常的事情。但是，如果是在关系重大的面谈或相亲时失言，可能给人造成致命的损失，而一蹶不振。不管说错了什么话，哪怕是无伤大雅的事，一旦发现失言，大家第一个反应就是告诉自己"完蛋了！"瞬间感觉血液直往脑门上冲，说话就更加颠三倒四。

这时候，你所担心的是，对方会怎么想呢？你越是想忘掉自己的失言，可是却怎么也忘不了。对于这个问题心理学给出的答案是，想忘掉某件事，最好想想别的事情！据说日本的围棋名将石田秀芳，在胜负决赛中自己认为自己"完蛋了"时，这时候就让自己脑中浮现与棋无关的事物，比如是高尔夫球、麻将，或是房间的装饰物品等，于是很快他便恢复了镇静。

有一个故事，讲的是关于中国一代女皇武则天的事情。

武则天在李世民身边做侍女的时候，当她得知才人徐惠已经升为婕妤的消息时，不禁十分生气，心志开始动摇。徐惠和自己几乎是同时进的宫，不满一年就居高位。

一天下午，太宗骑马到玄武门附近的球场，观看驯马的情形。武则天和其他侍女太监们，都徒步跟随在后。

谁都知道太宗十分爱骏马。现在正在训练的马匹叫狮子骢，是属于马中的骏马。可是这匹马的个性特别暴躁，不接受一切调教。太宗问大伙儿

有什么好的训练办法,武则天上前说:"臣必能制伏这匹马,只需要三种工具,铁鞭、铁锤和匕首。首先用铁鞭打这匹骏马,如果不服从的话,就用铁锤打马头,这样仍然不服从的话,就用匕首割断它的咽喉。"

大伙儿听后,都非常愕然地看着武则天,太宗也不例外。平时一向恭谨的、令人怜爱的、非常保守的武则天,怎么会说出如此可怕的话呢?太宗一言不发直接调转马头走了。武则天从太宗的背影中知道自己失言了,在武则天的一生中,大概这次是唯一的一次失言。

俗话说,"人有失足,马有漏蹄",失足了可以再站起来,失蹄了也可以重新振作,而人失言了可以用好的语言去弥补。只要你用心,你就可以及时弥补失言,这也是处世的一种智慧。

历史上和现实中有很多能说会道的名人,在失言后还死守着自己的城堡,因而惨败的情形也是不可避免的。

与顽固派相反的是,有"城府"的人如果被对方击中要害的时候绝不强词夺理,他们可能会点头微笑,或者是会轻轻鼓掌。这一举动,观众或听众都弄不清葫芦里卖的是什么药。有人会认为这一举动是他们服从真理的良好风范,有人会认为这是他们豁达胸怀。这样的辩论家如果要说也能说得很巧,他们会向对方笑道:"你讲得好极了!"

相比之下,里根的表现就显得很有智慧。

一次,美国总统里根访问巴西,因为旅途疲乏,再加上年岁又大,在欢迎宴会上,他脱口说道:"女士们,先生们!今天,我为能访问玻利维亚而感到非常高兴。"

这时候有人低声提醒他说漏了嘴,里根随即改口道:

"很抱歉,我们不久前访问过玻利维亚。"

其实他并未去玻利维亚,可是那些不明就里的人还来不及反应时,他的口误已经被淹没在后来滔滔的大论中了,这种将说错的地点、时间加以掩饰的方法，从而避免了当面出丑，为补救的有效手段。只是，这里需要的是发现及时、改口巧妙的语言技巧，否则要想化解难堪也是困难的。

在我们的实际生活中，遇到失言这种情况，有3个补救办法：

1. 移植法

就是把错话移植到别人头上。你可以说："这是某些人的观点，我认为正确的说法应该是……"这样就可以把自己已出口的某个错误纠正过来了。对方虽有某种感觉，但也认定不了是你说错了。

2. 引开法

就是当你发现自己失言的时候，迅速将错误言辞引开，避免在错中纠缠。就是接着那句话之后说："然而正确说法应是……"或者说："我刚才那句话还应作如下补充……"这样就可将错话抹掉。

3. 改义法

就是巧改错话的意义，当意识到自己失言的时候，干脆重复肯定，将错就错，然后巧妙地改变错话的含义。

第八节　玩笑不过度，社交有风度

朋友、熟人之间适当开开玩笑，可以起到活跃气氛、融洽关系及增进友谊的作用。但开玩笑一定要适度，要因人、因时、因环境、因内容而定。

1. 开玩笑要看对象

人的性格是不同的。如果和宽容大度的人开玩笑，可能会调节气氛，如果和女同学、女同事开玩笑的话，要适可而止。

2. 开玩笑要看时间

有一句话叫:"人逢喜事精神爽。"开玩笑最好是在对方心情舒畅的时候,或者当对方因小事生气时,通过开玩笑把对方的情绪扭转过来。

3. 开玩笑要看场合、环境

例如在图书馆、医院等要求保持肃静的场合,不要开玩笑,在治丧等悲哀的气氛中,不宜开玩笑。

4. 开玩笑要注意内容

开玩笑的时候,一定要内容健康、风趣、情调高雅。在社交活动中,不要开庸俗的玩笑。也千万不要拿别人的生理缺陷开玩笑,比如说不能以残疾人的生理缺陷取笑。

人际交往中,开些得体的玩笑,不仅可以松弛神经,活跃气氛,创造出一个适于交际的轻松愉快的氛围,还可以受到人们的欢迎与喜爱。但是,如果玩笑话说得不好,则会起到适得其反的效果,伤害彼此的感情,所以在开玩笑的时候要掌握好分寸。

1. 内容要高雅

玩笑的内容决定于玩笑者的思想情趣与文化修养。内容健康、格调高雅的玩笑话,会给对方启迪和精神的享受,同时也是对自己美好形象的有力塑造。

著名的钢琴家波奇在一次演奏时,发现全场有一半座位是空着的,他对听众说:"朋友们,我发现这个城市的人们都很有钱,我看到你们每个人都买了两三个座位的票。"于是听众都放声大笑。波奇无伤大雅的玩笑话使他反败为胜。

2. 态度要友善

开玩笑的一个原则之一就是与人为善。开玩笑的过程,也是大家感情互相交流传递的过程,如果凭借开玩笑对他人冷嘲热讽,发泄内心的厌恶、不满的感情，那么除非是傻瓜才不会识破。或许有些人没有你口齿伶俐，表面上你虽然占到上风，但别人会认为你是不尊重他人的表现，从而不愿与你交往。

3. 对象要分清

同样的一个玩笑可能对甲能开，不一定能对乙开。因为人的身份、性格、心情的不同，那么对玩笑的承受能力也是不一样的。如果对方性格外向，可以宽容忍耐，玩笑稍微过大也是可以得到谅解的。如果对方性格内向，有琢磨言外之意的倾向，开玩笑就应该慎重。对方尽管平时生性开朗，如果恰好碰上不愉快或伤心的事，就不要随便地开玩笑了。相反，如果对方性格内向，但正好喜事临门，此时与他开个玩笑，效果也是会很好的。

另外，玩笑或玩笑话还要注意以下几点：

1. 对长辈、晚辈开玩笑的时候忌轻佻放肆，特别不要谈男女情事。几辈同堂时的玩笑要高雅、机智，乐在其中。

2. 和非血缘关系的异性单独相处时忌开玩笑，当然夫妻除外，即便是开正经的玩笑，也通常会引起对方反感，或者会引起旁人的猜测非议。要注意保持一定的距离。当然，也不能拘谨别扭。

3. 和残疾人开玩笑，注意避讳。每个人都怕别人用自己的短处来开玩笑，残疾人尤其是这样。俗话说得好，不要当着和尚骂秃子，癞子面前不谈灯泡。

4. 朋友陪客时，不要和朋友开玩笑。这时候人家已有共同的话题，已经形成和谐融洽的气氛，如果你突然介入来开玩笑，转移他人的注意力，打断人家的话题，破坏他们谈话的雅兴，朋友会觉得你扫他面子，甚至会认为你是故意的。

第十章

感动听众，打动人心的说话艺术

第十章
感动听众，打动人心的说话艺术

第一节　没有谁是天生的大众演说家

在生活中，有很多人在平时能说会道，处理起事情来也是干净利落、毫不拖泥带水，可是，一旦上台演讲的时候，就像泄了气的皮球一样，以往的那些气势，顷刻间消失得无影无踪，前后判若两人。

不论是重要会议上的演说，或亲朋好友前的意见表达，或董事会上的报告，只要是站在大众面前谈话，很多人往往就会两腿发软，高举白旗。

许多人之所以会畏惧害怕，主要是源于内心深处的自卑感，觉得自己才疏学浅，或职位卑微，或自认为自己没有站到台上演讲的资格，事实真的是这样的吗？绝对不是！请不要太低估自己的能力与存在的价值，你之所以会被邀请上台演讲，就表示你有这样的资格与才气，也正是对你存在价值的肯定。

你要知道，没有谁是天生的大众演说家。其实，想要获得自信、勇气和面对公众发表演讲时冷静和清晰的思考能力，并不是想象得那么困难——甚至可能还不到你认为的困难的1/10。

以前，演讲是一门精湛的艺术，因此就会要求演讲者必须掌握修辞法和演讲技巧。现在的演讲，说透了就是一种扩大了的交谈。它既不会要求你用如雷贯耳的声音，也不需要你必须掌握特殊的演讲方式。大众只是希望听到一些坦诚的话。

当众的演讲不用掌握修辞法和多年训练去美化声音。其实，当众演讲

是一件十分容易的事情，你只需要掌握一些简单而重要的原则就可以了。

哥尔特是一位成功的企业家。他在卡耐基的培训班中学习了一段时间后，有一天他与卡耐基共进午餐。吃饭的时候他说："卡耐基先生，我曾经有许多在公众面前说话的机会。但在潜意识中，我总是试图躲避与人的正面交流。可现在我是大学的董事会主席，这个职务要求我必须经常地主持各种会议。你看我已这么大年纪了，能学好吗？"当时在班上有许多像他这样的人，卡耐基向他们保证：经过一段时间的训练，他们一定会成功，结果真是这样。

3年之后，在一次企业家俱乐部吃饭的时候，他们意外相见。当时他们说起之前的话。当卡耐基问他自己的保证有没有实现的时候，他微笑着从口袋里掏出一个小笔记本，上面安排着最近一段时间来他的演讲日程。他边让卡耐基看，边自豪地说："我现在最高兴和满足的事就是：我已经有能力获得演讲的成功，并且能为社会做更多有意义的事了。"同时，他还很得意地告诉卡耐基，他所负责的教区已经成功邀请英国首相前来公开演讲了，而负责向所有听众介绍这位杰出政治家的人就是他自己。

3年的变化多大。哥尔特能够取得如此的成功，是不是有什么秘诀？不，没有，像哥尔特先生这样的成功事例还有许多许多……

前几年的时候，劳伦斯大夫到佛罗里达州度假。度假地离著名的巨人棒球队的训练场地很近，他是一位铁杆球迷，由于常常去看他们练习，渐渐地就和球员们成了好朋友。一天，他被邀请一起参加一次球队的宴会。吃饭前，一些著名的客人被相继请上台讲话。在没有任何心理准备的情况下，他听见宴会主持说："今晚有一位医学界的朋友在场，我们欢迎劳伦斯先生就棒球队员的健康问题谈一谈自己的想法。"

劳伦斯是专门研究卫生保健的，他行医也有30多年的历史。本来，主持人提到这个问题的时候，他不需要任何的准备，就可以侃侃而谈。可

第十章
感动听众，打动人心的说话艺术

是，遇见这种场合，他还是第一次经历。当听到主持人提到自己的名字的时候，他开始心跳加速、不知所措。他努力想让自己镇静下来，可是于事无补，他的心脏就像要跳出胸膛。这时参加宴会的人都在鼓掌，都在注视着他。怎么办呢？思虑再三后，他摇摇头，表示拒绝。但却引来了更加热烈的掌声，很多台下的听众也自发地呼喊起来："劳伦斯大夫，演讲！演讲！"

劳伦斯心里非常清楚，在这种极其沮丧的情绪支配下，自己如果站起来演讲，必定会失败，很有可能连五六个完整的句子都讲不出来。他无奈只好站起来，背对着朋友，默默地走了出去，心中充满了无限的难堪和耻辱。

回到布鲁克林，他立刻就来到了卡耐基的培训班。他说，他再也不想陷入这种哑口无言的困境中了。

我们都知道，老师最喜欢求知欲高的学生，就像劳伦斯一样。因为他非常希望提高自己的公众演讲能力。正是这种迫切性，使他没有任何怨言地刻苦学习。当一个月的训练结束的时候，他的紧张情绪也就消失了。等到两个月后，他已成为班上的演讲名家，并开始接受人们的邀请，到各地去进行演讲。

劳伦斯后来告诉别人，他十分喜欢演讲的时候的那种感觉以及所获得的荣誉，最让他高兴的是在演讲中，结交了很多的朋友。纽约市共和党竞选委员会的一名委员，在听过他的演讲后，立刻就邀请他到各地为共和党发表竞选演讲。假如这位政治家知道一年前，劳伦斯在那次宴会上的表现，不知道会有怎样的感想？

能够自信地站在台上面对很多听从，同时可以清晰而又逻辑性强地公开演讲并不太难。这就像人们打高尔夫球一样，只要有信心和恒心，每个人都能发挥出自己的潜力。

只要你积极进取、不断努力,一定会取得成功。你一定要对自己在大众面前说话的努力结果持轻松乐观的态度。要在每个句子,哪怕是每个词语上都要烙上决心的印记,并且尽最大努力来培养这种能力。

克劳莱斯·毕拉德在读大学的时候,一次老师在上课的时候规定5分钟演讲,可他还没讲到一半的时候,脸色就开始发白,于是匆匆走下讲台。这是他人生中的第一次公开演讲,结果以失败而告终。但他并不甘心被这次失败所击倒,于是他下定决心,一定要做一名优秀的演讲家。他没有失言,最终他成为美国政府的经济顾问,受到世人的仰慕。他在《自由的信念》一书中,讲到了他当众演讲的情形:"我的演讲时间安排得非常紧。要参加商务部、商协会、基金募捐会、校友会以及其他团体举办的各种集会。我曾在密执安州的艾斯肯纳发表爱国演讲,让自己慷慨激昂地投身第一次世界大战;我曾与哈佛大学校长詹姆斯·布朗特·柯南和芝加哥大学校长罗伯特姆·侯欣斯下乡开展宣传教育;我甚至还以极糟糕的法语,做过一次演讲。

确实如此,演讲成功的关键就是要有成功的决心。要想获得演讲的成功,一定得有强烈的欲望保持你的热忱,有坚定的毅力可以解除困难;最重要的就是相信自己一定可以成功。

当恺撒由高卢而来,穿过海峡,带领他的军团登上英格兰的时候,他把军队带到多佛海峡的悬崖上,让士兵看一看脚底下海中燃烧的船只。置身敌国的士兵们,知道他们与大陆的最后的一点联系已经没有了,用来后退的船只已被烧毁。那么,他们能做的只有一件事,那就是:征服,在征服中前进!事实上恺撒和他的士兵真的这样做了,他们最终成功了。这就是古往今来一直广为流传的恺撒精神,当你面对观众而心生恐惧的时候,就应该想一想这种精神。把任何一点的消极情绪都投入到熊熊烈火中,并且把后退的门紧紧关上。如果可以做到这点的话,那么你就一定能成功。

第十章
感动听众，打动人心的说话艺术

第二节　赢得美妙的第一

"寒暄"这个词中，"寒"是寒冷的意思，"暄"是温暖的意思，连在一起的话，就是问寒问暖的意思。我们知道大家进行谈话的目的是沟通情感，增加双方的交流。初次见面的朋友，或很久未见的朋友在见面的时候难免要寒暄几句，以示礼貌和关心。

很多时候我们与人见面，通常会陷入无话可说的尴尬场面。这时我们不妨以一些寒暄语为开头，比如"天气似乎热了点"或者"最近忙些什么呢？"，等等。虽然这些寒暄语并不重要，然而，这些话可以使初次见面者免于尴尬的沉默。以下几种方式可供大家参考。

1. 从天气说起

愉悦的态度会给别人留下良好的第一印象。从无关紧要的天气谈起可以拉近两个人的距离。

2. 询问对方的工作进展和身体状况等

比如说：这一阵工作忙吗？快毕业了吧？你看起来神清气爽的，是不是有什么喜事呢？

3. 从对方的行为谈起

比如：看到对方下班，可以问一句"下班啦"。寒暄语的运用就像一把打开话匣子的钥匙，它可帮助你和对方顺利地谈话。

寒暄可以当作是交谈的准备活动，作为"暖场"出现。适当的寒暄能够帮助我们拉近彼此间的距离。但是寒暄不能过长，创造出交流的气氛就

可以了。在开场白中,我们必须要避免过度的寒暄,以免对方因太多的客套话而觉得你对他不真诚,从而使得你们的距离拉开。

那么,如何寒暄才能产生积极的效果呢?其实,寒暄并没有什么固定的模式,要以具体的交谈对象和交谈环境而定。我们可大致归纳为以下几点:

1. 要保持积极姿态

在与别人相遇的那个瞬间,要快速地培养自己的愉快情绪,要争取主动,可以充分体现出自己的良好愿望和真诚,要使对方感到你的问候是发自内心的,要使对方从你的言行中可以感觉到自己的存在,使对方受人尊重的心理需要得到完全满足。与此同时,积极的姿态也是富有自信、易于合作的外在体现,这样就有利于融洽人际关系。交谈的时候语调要和缓,声音要洪亮,尽量要面带微笑。

2. 集中注意力

在开场白中与人寒暄的时候,要集中你的注意力,任何漫不经心的言行都会让对方感到被人轻视。

小刘与小乔是同事。有一天,小乔夫妇逛商场的时候巧遇到小刘,小乔把丈夫小张介绍给小刘。短暂的握手介绍后,小刘本打算再聊几句以表示自己的友好态度,可小乔的丈夫小张却不停地在左顾右盼还时不时同小乔谈些闲话,将小刘"晾"在了一旁,小刘感到有些尴尬,心中有些不愉快,觉得小张实在是没礼貌,就在那一瞬间就对小张失去了好感。如果小张在握手之后,再继续和小刘聊几句,小刘的这种想法就不会产生了。

3. 内容要适当

与陌生人见面后的4分钟内,只可以有3个回答往复的过程,最好是作一般性的寒暄,比如问候、互通姓名、谈论一些无关痛痒的话题,应避免使对方感到尴尬、触及对方隐痛、引发对方不愉快的回忆及易于引起争议的话题，当然也不可漫无边际地说下去。

最近，小宁刚刚离婚，情绪十分低落，下班途中碰见了同事小丽和她丈夫。小丽的丈夫在小丽介绍完小宁后脱口就说道："啊，你就是刚刚离婚的小宁啊，这么好的人怎么你丈夫不懂得珍惜呢。"本来小丽丈夫的初衷是想夸奖小宁，但他忘记了初次见面就触及对方痛处，让对方好不尴尬。

4. 要注意场合、时间、季节

假如在公众场合经别人介绍结识了新的朋友，比如在影剧院、咖啡厅、会场、阅览室等，需要有礼貌地寒暄，同时要注意不能打扰周围的人，避免大声喧哗。如果说话音量过大，言语夸张，大呼小叫的，也属于一种无礼的行为。另外，在比较正式的场合，言谈举止不能过于随便，更要注意不要用"口头语"。

此外，在寒暄的时候还要因"地"而异，不能千篇一律，如果你稍加留意周围的环境，就可以发挥得很好。比如在校园遇见同学，可以说："您是去上课吗？"或"下课了！"在书店的时候可以说："您也来买书吗？"还可从季节的角度来确定寒暄的内容，如："天很凉，感觉到冷吗？""您好，外面现在很冷吧！"这样的寒暄方式可以让初次见面的人感到热情、亲切和温暖。当你与很多陌生人打交道的时候，不要只看着一位说话，而是应该面带微笑，眼睛要环视在场的所有人，应带"你们"、"两（几）位"字样，这样就不会冷落别人。

总的来说，初次见面的时候，寒暄要适度，不仅要热情亲切，还要不能阿谀奉承，要做到温和有礼。这样做的话，才可以使对方乐于接近你，从而产生与你交往的愿望。

那么，如何才能给他人留下一个美好的第一印象呢？

1. 不要表现出咄咄逼人的气势

与素未谋面的人第一次见面的时候，一定要表现得谦和一些、低调一

些。比如，有一个叫李佳的女孩，她为搞一个奥运会竞猜活动去一个企业联系赞助事宜，进门后首先就看到一个影视明星坐在那里。李佳跟主人没说几句话，这位明星就开始插嘴，谈一些别的话题，大发议论，结果给李佳和同去的人留下很坏的印象。

2. 尽早弄清名字

通常情况下，即将要会见什么人，你自己是很清楚的。在这种情况下你必须要准备好，别的不知道没关系，可是名字一定要弄清楚。我们在电影或者电视剧中经常会看到高级领导人面对一群士兵，竟然可以叫出其中几个人的名字。如此一来，这位领导在士兵中的第一印象就一定是正面的。对我们一般人来讲也是一样的。如果你见到一个人的时候，可以叫出对方的名字，对方一定是非常高兴的。高兴的背后就会是一种积极的良好印象。

3. 脸上常带微笑

我们都知道，眼睛是心灵的窗户。我们微笑的核心是眼睛，真正的微笑会通过眼睛到达心灵。发自内心的微笑不仅会给别人留下美好的印象，还会让自己显得魅力十足。还有一点我们也要注意，对第一次见面的人，不可哈哈大笑，要知道笑得过分了也是不好的。

4. 请用眼神沟通

与陌生人第一次见面，特别当对方是异性时，千万不要总是盯着人家看个没完，应该用眼神平视对方的眼睛，这样你会给对方留下十分强大的印象。

5. 杜绝没用的动作

当你与他人见面的时候，一定要集中注意力，不要有什么小动作。假如你一边跟人家说话，一边做着各种小动作，比如整理衣服、剪指甲等，这就显示出你对对方缺少起码的尊重。如果你真的有急事的话，需要打电话或者发短信，你可以提前告诉对方一下，说一声"不好意思"。对方一定会理解你的。

6. 保持积极态度

与别人交谈的时候,态度是可以说明许多问题的。哪怕是在特殊的情况下,诸如当大家心情焦急、紧张的时候,你的积极态度也会给身边的人产生良好的影响。遇事冷静,且不烦躁,才会把事情处理好。生活中我们也会有这样的经历,如果与你说话的人一直保持着一种积极向上的态度,那么你是不是就会觉得好感大增、信心百倍呢?

7. 主动向对方打招呼

俗话说得好:"一回生,二回熟。"对于陌生人来讲,当你先开口向对方打招呼的时候,同时也就意味着你将对方置于一个较高的位置。你以谦恭热情的态度去对待对方,一定可以叩开交际的大门。如果你用自信诚实的目光正视对方的眼睛的话,会给对方留下十分深刻的印象。

8. 报姓名的时候要简要说明

记忆术中有一种被叫做"记忆联合"的方法,指的是把一件事与其他事连在一起的记忆方法,初次见面的人可以利用这种方法从而加深他人对你的印象。例如你姓张,就可以这么说:"我姓张,张飞的张,不是文章的章。"这样对你的姓名加以说明的话,对方会认可你的幽默风趣,也会很容易把你记住。

9. 注意自己的表情

人心灵深处的想法都会在表情上显露无遗。很多人在到达见面的地点时,通常只会注意"领带正不正"、"头发乱不乱"等着装打扮方面的问题,往往忽略了"表情"的重要性。倘若你想给别人留下一个美好的第一印象,那么在见面之前要多照照镜子,检查一下自己的面部表情是不是跟平时不一样,如果很紧张的话,最好先对着镜中的自己傻笑一番。

第三节 人人都会被真情打动

郭沫若先生曾经在游览普陀山的时候意外捡到一本笔记本，扉页上写着一副对联："年年失望年年望，处处难寻处处寻"，横批："春在哪里"。再翻一页，竟然是一首绝命诗，署着当天的日子。后来，郭老终于找到了这位神色黯然的姑娘，原来这位姑娘考大学连续3年未中，生活上又遭受各种挫折，感到悲观失望，准备"魂归普陀"。郭老听后，只是称赞对联有文采，接着微笑着问："我替你改一改，你看如何？"然后深情地吟道："年年失望年年望，事事难成事事成"，横批是"春在心中"。听了郭老改过的对联，姑娘体会到长辈的关怀，最后向郭老倾吐了心中的郁闷。郭老邀她同游普陀，边走边热情地与她交谈。当姑娘知道面前这位和蔼可亲的长者就是一代宗师郭沫若时，十分惊喜与感激，于是吟诗谢恩师指点迷津，重新鼓起了生活的勇气。

以上的故事教给我们一个说服人的好方法，就是以情感人。由此可见，晓之以理可以成功地说服人，"动之以情"也同样可以说服人。

战国时期，秦国攻打赵国，赵国没办法就向齐国求援。齐国要求赵国送太后的小儿子长安君来齐国做人质，否则就不会发兵救赵。可是赵太后太爱自己的小儿子了，她执意不肯。满朝文武都极力劝谏，可是没有一点用处。最后，赵太后干脆宣布："谁要是再来劝我这么做，我就把唾沫直接吐到他的脸上。"

后来左师官触詟希望觐见太后，太后明白他也一定是来规劝的，于是

第十章
感动听众，打动人心的说话艺术

就怒气冲冲地等着他来。触詟一路小跑着来到宫中，向太后谢罪道："太后请恕罪，我的脚有毛病，不能走得很快，因此好久没有来看太后您了，心里十分惦记，所以今天特来拜见您。"太后道："我现在也是要靠车子才能行动。"触詟接着又询问了赵太后一些饮食、饭量等其他情况，这个时候太后的怒气才有一些缓和。

之后，触詟又向赵太后请求希望可以允许他的小儿子在王宫卫队里当一名侍卫。赵太后答应了下来。"他今年多大了？"赵太后问道。"今年15岁了，虽然他现在年纪还小，我却希望在我有生之年就把他托付给您，为他安排好立身之处。"赵太后问道："难道男人也会疼爱自己的小儿子吗？"触詟答道："比起女人来，有过之而无不及。"

太后笑着说道："女人是特别疼爱自己的小儿子的。"触詟说："我私下里认为您对您的女儿燕后的疼爱已经超过了对长安君的疼爱。"太后说："那你可是说错了，我对燕后的爱远远赶不上对长安君啊！"触詟说："父母疼爱自己的孩子，就一定会为他考虑长远的利益。"接着，触詟又说到当年燕后远嫁，赵太后与她依依惜别，难舍难分的情景。但每次祭祖的时候却祷告让燕后留在燕国，不要回来，这样便可以让自己的子女世世代代为燕王。

触詟接着说道："这也许就应该叫做：近一点呢，祸患落到自己身上；远一点呢，灾祸就会殃及子孙。难道是那些人君之子一定都不好吗？但他们虽然地位尊贵，可是无功于国；俸禄虽然优厚，却没有一点功绩，而他们却可以持有许多珍宝异物，这样他就处在了危险之中了。现在您让长安君地位尊贵起来，把肥沃的土地封给他，赐给他那么多的宝物，可是如果不趁着现在使他有功于国，假以时日您不在了，长安君凭什么可以在赵国安身立命呢？我觉得您为长安君考虑得有些短浅了，所以我觉得您对他的爱比不上对燕后啊！"

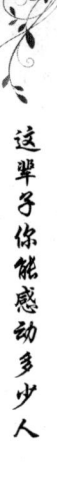

到现在为止,赵太后完全接受了触詟的劝说,说道:"好吧,就按照你的意思把他派到齐国去吧。"于是,为长安君准备了上百辆车子,到齐国去做人质。齐国也就马上发兵救赵,从而退了秦国的大军。

由此可见,以情动人,的确是一件有力的武器。没有一个人是完全的冷血无情,没有人是真正的铁石心肠,只要是人都会有渴望与人亲近的心理,只要你真诚地与别人进行沟通,双方就一定可以化解那些不愉快的情绪,和睦相处在一片蓝天之下。

第四节　巧用幽默化腐朽为神奇

一句名言:"怀着一颗快乐的心,更胜于拿着一只药囊,可以治疗心中的百病。"

幽默、风趣的语言,能够让敌人哑口无言,也可以化解尴尬的局面,同时也可以舒缓身心的压力,还可以赢得他人的掌声。很多时候,人与人之间的交往不能太过严肃,如果一直让精神保持紧绷的状态,那么彼此相处的乐趣就会减少很多。

有一个公司经理接待一位来访者。

来访者问经理:"您是一位很有魄力的领导吗?"

经理回答:"那是当然,我在公司里是头,在家里也是头。"

对方又问:"那您的妻子呢?"

这时,经理幽默地回答:"我妻子啊,她是'脖子'呀,'头'想往哪儿转,都得听'脖子'的嘛。"

话说到这里，大家都开怀地笑了，彼此间的陌生感马上就消失了。

身为领导，由于工作事业上的需要，很多时候都一定要与各种各样的人打交道，所以说一些幽默的话是十分有必要的。那么，如何说话才算幽默呢？

1. 自我解嘲

自嘲所做的，就是能够客观地评价自己的所作所为，采取完全不在意的态度，这样一来，幽默的言语自然就会脱口而出了。

例如，"我昨天在老板面前真是出尽洋相，迟到不说，还打翻了老板的水，还有在老板面前说错了话。"犯错后，适当适时地进行自我解嘲，可以获得别人的同情，也可以自我放松心情。

2. 夸张的态度

因为夸张的语言本身就带着幽默的味道，就很容易博人一笑。

例如，"从早上到现在，我已经给你打了将近100个电话了！""你让我站在这里等了半天，你看，我起码瘦了5斤！"

3. 主动寻找笑料

在日常生活中，和他人在对话的过程中，随机应变开句玩笑，不失为应对突发状况的好办法。言之有物的幽默，通常更具有喜剧效果，更能打动人心。

总的来说，幽默的语言一定要做到真实而又形象，这样可以引人联想，让人回味无穷。

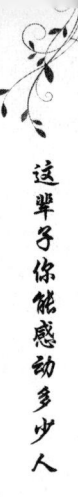

第五节　赞美的话要恰如其分

　　人人都爱听赞美的话，你的赞美，如果恰如其分，适合其人，这个人一定十分高兴，对你也会有好感。生活中最奇怪就是，越是傲慢的人，就越喜欢听赞美话，越喜欢受你的赞美。

　　有的人义正词严，告诉别人说自己喜欢听批评，这其实是他的门面语，你如果信以为真的话，并且毫不客气地对他的缺点进行批评的话，他心里一定会不高兴，虽然表面上没有什么表示，内心却十分不安，对于你的感情，只有降低，而不会增进。例如，汲黯是汉朝出了名的直人，武帝是汉朝出名的贤君，汲黯曾对汉武帝说"内多欲而外施仁义"，武帝深觉不欢，就因为这句话，汲黯终生不得意，因此善说赞美话，是处世的本领，是发达的因素。

　　人人都有一定的希望，年轻人希望寄予自身，老年人希望寄在子孙身上，年轻人自认为前途无量，你如果举出几点，证明他的将来，大有成就，他必定会十分高兴，把你当作知己也未可知，你如果说他父亲如何了不得，他未必感到多少兴趣，那么如果你说他是将门之子，把他与他的父亲一齐称赞，才配他的胃口。

　　但是老年人则不是这样的，他自己已经是历尽沧桑的年纪，几十年的光阴，并未曾达到预期的目的，他对现在的自己，已经不抱有很大的希望了，他所希望的，是他的子孙，你可以说他的儿子，不论是学问还是能力，都胜过他，虽然你是抑父扬子，他不但不会怪你，而且会很感激你，口头会这样说，你说得好，未必，未必，太夸奖了，可是在他的内心，却认为你是慧眼识英雄！

在与人交往的过程中，要想受人欢迎，就要注意给对方留情面。因为只有给人留情面，才可以为自己争得更多的人缘。

我们都知道，大多数的情况下，"忠言"都是不给人留面子的，正是由于"忠言逆耳"，历史上才有许许多多的忠臣良将得不到好下场。即使像唐太宗那样的仁君，也数次被魏徵的"忠言"气得发抖，拂袖回宫，甚至有好几次想要杀了这个可恶的"魏老道"。如果不是长孙皇后及时劝阻，恐怕十个魏徵也早就没命了。

偶尔直言不讳一针见血地说出对方的弱点及短处，的确是会有另一番效果。对方也许会认为这个人挺正直，值得一交。但是，前提是对方有一个能撑船的大肚子。

所以，不论是直言还是警语，在说真话之前，都必须事先考虑对方的容忍和发言时机。再者，就是对于初次见面或是不常见面的人，不能贸然向对方说些直言不讳的真话，因为你的真话可能正好犯了对方的忌讳，对你从此不理不睬，连个解释道歉的机会都没有留给你。请记住，祸从口出，少讲一些令人不悦的话，总是对你有好处的。

现实生活中，很少有人因为说过令人不悦的话，而使自己获得好处，这是成功处世的经验之谈。哪怕想要说的都是为对方着想的忠告之言，但是对方通常在听了之后，不是感谢你而是对你不喜欢。而那些会说假话的人通常会得到人们的认同，毕竟假话要比真话动听得多，也容易打动人。

请不要质疑，作为礼貌性的赞美，你的最佳策略就是"认真的表情"。因为在以认真的表情赞美对方的时候，能够把既干脆又果断的说法及语气派上用场。例如，在与他人打招呼寒暄"你看起来容光焕发，神采奕奕"之后，马上再补上一句"看起来比你的实际年龄年轻多了"，相信对方听

到这样的话后必然会洋溢一股飘飘然的满足感,对你更是具有良好的印象。因为喜欢被人赞美年轻,是人之常情。

通常来讲,大多数的人都十分重视自己给人的第一印象。因此,想要令别人对自己产生良好的第一印象,在首次见面的时候,不妨将对方的年龄按实际年龄打上7折,这是最佳的策略。因为打9折所产生的作用不是很大,而打5折别人会觉得你很虚伪,所以折中下来,7折是最佳的运用程度。

比如,你与一个60岁的人见面,你就要说:"你看起来像40多岁的样子!"当然,对方一定会吓一跳。这时候为了避免让对方产生被愚弄的不悦感,在赞美对方年轻的同时,你必须要先奠定对方的确是40多岁的"心理准备",然后以认真的表情向对方赞美。这样循序渐进、按部就班地实施,哪怕是对方很清楚这仅是礼貌性并非真实的赞美,他也会被你的诚意打动而深感愉悦。

由此我们知道,在赞美他人、给对方面子的时候,除了要有认真的表情外,认真的心情也是不可缺少的。但是,这里要提醒你,以假话赞美对方的时候,最最重要的是不要犯了对方的忌讳,因为一旦犯忌的话,即使你的态度再认真,表情再诚恳,也起不了什么效果。例如你对一个相当在意自己塌鼻梁缺陷的人说:"你的鼻子很好看!"对方听后肯定会极度不悦。

第六节　用良言接通情感热线

古语有云:"口能吐玫瑰,也能吐毒液。"通过一个人的谈吐,最能看得出这个人的学识和修养。那些善良智慧或者温厚博学的语言,可以融冰化雪,排除障碍直抵对方的心灵。在现实生活中,真正能够伤害人心的并不是刀子,而是比刀子更厉害的东西——语言。请看下面一则寓言故事:

从前,有一个樵夫在经过森林时救了一只小熊,母熊对樵夫十分感激。

有一天樵夫迷路了,遇见了母熊,母熊给他安排了住宿,还拿丰盛的晚宴款待了他。第二天,樵夫对母熊说:"你招待得很好,我也十分满意,但我唯一不喜欢的地方就是你身上的那股臭味。"母熊听了心里闷闷不乐,说:"作为对你的补偿,你用斧头砍我的头吧。"

樵夫按母熊说的做了。几十年过去了,一次樵夫又遇到了母熊,他问:"你头上的伤口好了吗?"母熊说:"好了,伤口是痛了一段时间,不过伤口愈合后我就忘了。可是那次你说过的话,我一辈子也不会忘记。"

有时候,一句简单的抚慰人心的话语,就可以照亮你无助的心灵,甚至会影响你一辈子的生活态度。所以,在我们的生命中,总有一些人、一些事让我们深深地感动着,总有一些话会温暖我们冷漠的心。

第二次世界大战将要接近尾声的时候,盟军准备发动一次大规模的进攻。

盟军统帅艾森豪威尔来到莱茵河畔散步的时候,一个神情沮丧的士兵迎面向他走来。艾森豪威尔随即打招呼道:"你还好吗,孩子?"青年士兵告诉他自己很烦。

艾森豪威尔说:"我们两个真是难兄难弟,因为我也心烦得很,这样吧,我们一起散步把,这对你我都有好处。"

艾森豪威尔的平易近人和富有人情味的语言,让这位青年士兵很感动,并因为有这样的统帅而振奋,后来这位青年士兵在战场上表现得十分英勇,多次立功。

俗话说得好:"一句话能把人说跳,一句话也能把人说笑。"言语是我

们思想的衣裳，谈吐是我们行动的羽翼。它可以表现一个人的高雅，也可以表现一个人的粗俗。言谈高雅也就是行动的稳健，说话轻浮也就是行动的草率。

老杨拿着一只酒瓶请营业员帮他打黄酒，在营业员接酒瓶的时候，酒瓶忽然掉下来打破了。那位营业员随即马上道歉说："老同志，对不起！是我没有接好，这是我的过失。"说完，他立即掏出钱来要赔偿。老杨见营业员连声赔礼，不但没有发火，反而自责说："没关系，是我没有递好！我回去重新拿来一个就好了。"就这样，一件很容易引发争吵的事，比较圆满地解决了。

在这个故事中，眼看就会有一场战争爆发了，聪明的营业员只是凭借着短短几句话就使得顾客心里暖烘烘的。这并不表示他比顾客低一等，相反，正是从这样的小事中，可以看出他独特的智慧，最终化解了可能的纠纷。这个故事告诉我们说话时要注意分寸，多讲良言。

小丰骑着马来到一个陌生的地方，一下子就不知道该往哪里走了。于是，当他看到有一个老农从身边路过的时候，便在马上高声喊道："喂，老头，这里离旅店还有多远呀？"老人回答："五里！"小丰随即策马飞奔，向前跑去。可是，他一口气跑了十多里后，仍然连个人影都没有看到。他心想，这老头可真是可恶，非得回去整整他不可，并自言自语道："五里，五里，什么五里呀！"

突然，他醒悟过来，这"五里"的谐音不就是"无礼"吗？于是马上调转马头往回赶。那位老农还在路边等候，他赶忙翻身下马，亲切地叫了一声："老大爷。"话没说完，老人就说："天色已晚，如不嫌弃，可到我家住一宿。"

倘若你要接通情感的热线，让交际畅通无阻，就应该得体地使用礼貌语、称呼语。在谈话的过程中，习惯用礼貌语言，就会让人觉得"良言一句三冬暖",使感情马上亲切融洽起来。反之,如果言辞蛮横过激就会让人觉得"恶语伤人六月寒"。因此,我们在与人交往的时候要分场合,要有一定分寸,更要得体。

第七节　说服不是三言两语的事

作为一个说服者,不到最后的时机,不要放弃你的说服目标。如果达不到自己的目的,你也不会有别的损失,你仍然会取得你已经取得的说服成果。

1928年,著名的松下公司急需一笔项目的建设费用资金。当时的松下公司还在起步阶段,因此公司账面上的钱根本不够。这时的松下公司只能向银行贷款。

松下和有联系的银行负责人见面,说明了公司的项目要求贷款。银行经理详细询问了项目的整个细节,决定和总行协商后再作出答复。3天后,总行答复说:同意贷款,但要以土地、建筑物以及松下的"信誉"作担保。

尽管贷款的问题得到了解决,但并不是松下所希望的那种方式。对银行的做法,松下心中不是很满意:让松下以"信誉"作担保,让人总感觉很不舒服,倘若在投资上真的遇到了风险,那么把松下的"信誉"赌了出去,接下来松下公司将怎么发展呢?松下认为,信誉是无价的。最后松下考虑,最理想的结果就是无担保贷款。于是松下向银行方面作出如下表示:"对贵行的决定,我公司表示衷心感谢。但倘若以不动产作担保的话,可

能会影响到企业的形象，不仅对我公司不利，将来对贵行也许也会有所影响。所以，我公司冒昧地请求，贵行能否可以提供无担保贷款？"

银行方面在得知松下的意见时，显得有些犹豫不决。松下接着说："对于偿还贵行的贷款，我们公司用两年时间就足可以还清了，请贵行一定放心。我公司的土地权利书和建筑物权利书，都可以暂由贵行保管。我公司很希望贵行能给松下公司这样一次机会。"

经过松下坚持不懈地耐心说服，银行方面终于同意了松下的请求，答应再和总行联络。几天后，银行通知松下，总行已经答应了对松下公司提供无担保贷款。

如果你的观点是正确的，一时说服不了人家，这时候就很可能会犯过分心急的毛病。当然，假如人家听了你的一番劝说后，立刻点头叫好，并称赞你"一言惊醒梦中人"，这自然是最好不过的事情了。事实上，这样的情况并不是很多见。你要知道别人的看法、想法、做法，并不是一天就可以形成的。正所谓"冰冻三尺，非一日之寒"，所以，要对方改变看法也不是一日之功。相反，即便是他当时表示了心悦诚服，你还要让他回去好好考虑。由于积习难改，虽然当面服了，回去细想可能还会出现反复。如果真是如此的话，也不能指责对方是"当面一套，背后一套"。由此可见，说服别人的时候要循序渐进，要有耐心。因为很多时候，说服本来是可以取得更好效果的，但因为说服人觉得已经达到了说服的目的，早早地放弃了说服，使得本来有可能对自己很有利的局势毁于一旦。因此，要想说服他人，要遵循下面三个步骤：

1. 了解对方的想法与凭据来源

想让对方同意你的意见，第一步就是要先明白对方的想法与凭据的来源。许多人为了说服对方，就精神十足地拼命说，说完了七成，只留下三成让客户进行"反驳"，这样怎么能够顺利圆满地说服对方呢？因此，要尽可能地将原来说话的立场改变成听话的角色，去了解对方的想法、意见，以及对方想法的来源或凭据，这才是最重要的。

2. 先接受对方的想法

当你能够感觉到对方仍然对他原来的想法坚信不疑的时候，这时最好的办法就是先接受他的想法，甚至要先站在对方的立场。先接受对方的立场，然后说出对方想讲的话。为何要这么做呢？因为当一个人的想法在遭到别人眼中的否决时，有极大的可能会为了维持尊严或咽不下这口气，反而会变得更加倔犟地坚持己见，排斥反对者的新建议。

有一个家庭电器公司的推销员挨家挨户推销洗衣机，当他来到一户人家的时候，正巧看见这户人家的女主人正在用洗衣机洗衣服，这位推销员就忙说："哎呀！这台洗衣机太旧了吧，其实用旧洗衣机是很费时间的，太太，您家该换新的啦……"

结果，没等推销员说完，这位女主人就马上驳斥道："你在说什么呀！这台洗衣机非常耐用的，用了这么多年了到现在都没有故障呢，新的也不见得能好到哪儿去，我目前才不会换新的呢！"

几天以后，又有一名推销员来拜访这位女主人。他说："这是很令人怀念的旧洗衣机，因为十分耐用，所以对您有很大的帮助。"

这位推销员首先是站在这位女主人的立场上说出她心里想说的话，所以女主人听到以上话的时候非常高兴，于是她说："是啊！这倒是真的！我家这台洗衣机的确已经用了很久了，是太旧了点，我最近倒是想换台新的洗衣机。"

于是这位推销员马上拿出洗衣机的宣传小册子，供这位女主人作参考。这种推销说服技巧，确实是对人们很有帮助的，因为这位女主人已动摇而产生购买新洗衣机的想法。至于推销员能否说服成功，这只是个时间长短的问题了。

由此可见,善于观察与利用对方的微妙心理,是帮助自己提出意见并说服别人的重要要素。通常来说,被说服者之所以会感到忧虑,主要担心在"同意"之后,会发生意料不到的后果;如果在此过程中你能洞悉他们的心理症结,并加以防备,试问他们还有不答应你的理由吗?

3. 让对方充分了解说服的内容

有时候,虽然有可行的计划,但在向对方说明时,对方却不能完全了解其内容。另外还有一种情形是,对方根本就不知道我们说什么。如果你遇到以上这些情形的话,一定要很有耐心地一项项按顺序加以说明。务求对方了解我们的真心实意,这也是说服这些人首先要解决的问题。

第八节 言语要符合自己的身份

古时候,有这样一个故事:

一天,卫国有户人家在迎娶新媳妇过门。那新媳妇走出娘家门刚上了花轿,就向赶车的车夫问:"两边拉套的马是哪里来的?"车夫说:"租的。"媳妇随即叮嘱车夫:"那,一定要好好照顾它们,别把它们累坏了。"花轿来到丈夫家门口,新媳妇刚被扶下车,又叮嘱伴娘说:"快去灭掉灶膛的火,以防火灾的发生。"当走进堂屋的时候,看见地上有块石头,又对身边的人说:"快把石头搬出屋里,放在这里会妨碍人来回走路。"婆家的亲戚朋友听了之后,都不禁哑然失笑。

事实上,新媳妇说的以上三句话,本身没什么毛病,为什么会引得贻笑大方呢?问题就在于新娘子第一天嫁入人家,家事还不了解,以一个主

第十章
感动听众，打动人心的说话艺术

事多年的家庭主妇的口气说以上的这些话语，不符合她"新娘子"的身份，以致让他人嘲笑。

以上这个故事告诉我们，在与人交谈的时候，一定要注意自己的身份，说话的时候只有符合自己的身份才能收到良好的效果。否则，哪怕说得再有道理，也只会让谈话以失败而告终。甚至，还会像这位新娘子一样受到他人的嘲笑。

那么，我们到底应该如何根据自己的身份说话呢？

当你以下级的身份向上级汇报工作的时候，一定要以敬重的态度，注意措辞的严肃性和应有的礼节性。当你与同辈亲友交谈的时候，应该表现得亲切、自然一些，不要一本正经的样子，否则就会给人以故作姿态之嫌。说话不得体，不注意自己的身份，听的人总会感到不是滋味，甚至会引起一定的反感，这就一定会影响到交际效果。

说话形式的选择一定要符合自我角色身份，应做到以下两点：

1. 角色身份要与称谓、口吻相适合

身份在语言的交际过程中首先表现为称谓，可以分为对人、对己两种。身份在交际过程中还表现在说话的语气上面。

2. 说话形式的选择要与场合相适应

一位湘籍著名歌星应邀在长沙作嘉宾主持"情系三湘"的赈灾义演节目串联时，只见她手持话筒脱口而出，朗声说道："那次中央电视台举行青年歌手电视大奖赛，我给'娘屋里'的参赛选手打了最高分，下次'娘屋里'的粉丝妹子到北京参赛，我还要给他们打最高分。"

这位歌星的话不无失体之嫌。假如是在私下场合说说是可以理解的，可是在这种义演的严肃场合，说的又是严肃庄重的大奖赛评委打分问题，如此的偏重于"情感"就会显得"理智"有些问题，人们不禁会问，作为评委的你，公正在哪里？

由此可见，无论在什么时候、什么场合下，说话的时候都要注意自己的身份。

在与他人交往的过程中，我们常常会讲到的一个字就是"我"字。如果"我"字讲得太多，过分强调的话，就会给人突出自我、标榜自己的印象，无形中就会在对方和你之间筑起一道防线，形成障碍，影响交往的深入。

第九节　借别人的口，说自己的话

借用第三者说的话，比如说："我常听人说……"借此种方法表达"不是我自己这么想"，使得说出来的话听起来比较客观一些。借别人的口，说自己的话，是找寻借口的时候重要的技巧。下面是列举此类借口的方法：

1. 找个"媒婆"传信息

从前社会上有这样一种人，叫"媒婆"，主要是从事介绍男女相识、牵线搭桥的事情。如果你在求人的时候，可以找到这样一位人才，让他尽其所能，从中撮合，传递信息，论理说情，真是很好的事情。

2. 拉出"婆婆"来垫背

几个青年妇女的丈夫都参军走了，此刻她们的共同心理是十分想念自己的丈夫，都很想去军营里探望一下。但是，因为害羞，不好意思当着大家的面直接说出来，就会找一个借口来表达自己的意思，仿佛到军营去的理由是十分充分的，非去不可，这就委婉地说出了自己的意愿。这种假借别人之口的表达方式，经常是从侧面切入，暗中说明自己要说的最主要的意思。

3. 借个"幌子"唬一唬

有一个人为了推销百叶窗帘，他知道有一家公司的经理与某局长是老相识，于是便打听到经理的住处，提一袋子水果前去拜访，彼此寒暄过后，这位推销员就说出了几句这样的话："这次能找到您这里，是得到了王局长的介绍，他还让我替他向您问好……""说实在的，第一次见面就使我十分高兴……听王局长说，你们的公司好像没有装百叶窗帘……"

第二天，百叶窗帘就顺利成交了。这位推销员的高明之处就是用"王局长的介绍"最终令对方很快就接受了。

4. 让对方主动说出口

如果一句自己难以出口的话，由对方先开口，这无疑是谈判中的上上策。

王某最近准备借助于好友赵某的关系做笔生意，可就在他将一笔资金交给赵某的第二天，赵某便暴病身亡了。这样一来王某马上就陷入了两难的境地；如果开口追款的话，会刺激到赵某的未亡人；如果不提这件事的话，自己目前的局面又难以支撑。在帮忙料理完后事，王某这样对赵夫人说："哎，真没想到赵哥走得这么匆忙，我们的合作才开始呢。要不这样吧嫂子：赵哥的那些关系户你也熟悉，你就出面把我们这笔生意继续做下去吧！需要我跑腿的话尽管说，吃苦花力气的事情我无所谓的。"看他，没有一点追款的意思，却还豪气冲天，义气感人，其实他在说这话的时候明知赵妻没有能力也没有心思接手这笔生意。结果呢？结果就是赵妻反过来安慰他道："这次出了这样的事让你生意上受损失了，你看现在这样我也没这个心情干下去，你还是把钱拿回去再找别的机会吧。"